FICHES BREVET 3e

Histoire des arts

Laure Péquignot-Grandjean
Professeur de Lettres modernes certifiée théâtre

Hatier

SOMMAIRE

CHECK LIST

L'ÉPREUVE D'HISTOIRE DES ARTS

11 ŒUVRES CLÉS

DÉPLIANT ET RABATS

Table des illustrations

Intérieur

16 : ph © Tal / Rue des Archives · 19 : ph © Adam Rzepka / Centre Pompidou, MNAM-CCI, Dist. RMN-Grand Palais / © Adagp, Paris 2015 · 28 : ph © Bettmann / Corbis · 34, 40 : ph © Louis Monier / Rue des Archives · 52 : ph © Michel Sima / Rue des Archives · 58 : ph © Keystone / Gamma – Rapho · 61 : Coll. Jean Vigne / Kharbine-Tapabor · 64 : ph © Charles Wilp / RMN-GP · 70 : ph © Archives du 7e Art - Photo12 · 76 : ph © Rex Featur / REX / Sipa Press · 79 : ph © Henri Cartier-Bresson / Magnum Photos

Dépliant

I, II : ph © Boltin Picture Library / Bridgemanart / © Adagp, Paris 2015 · III : ph © Shutterstock · IV : Coll. Christophel · V, VI : © Copat, 2004 · VII : ph © Laurent Sully Jaulmes / Les Arts Décoratifs, Paris / © Adagp, Paris 2015 · VIII : ph © Tal / Rue des Archives · IX, X : ph © La Collection / Artothek / © Succession Picasso, Paris 2015 · XII : ph © Prod DB © Films Corona - Fono Roma / DR

Rabats

II, III : ph © Centre Pompidou, MNAM-CCI, Dist. RMN-Grand Palais, Droits réservés / © Adagp, Paris 2015 · IV, V : ph © Josef Koudelka / Magnum Photos

Conception maquette : **Favre & Lhaïk** • *Mise en pages :* **STDI** • *Schémas :* **Corédoc** • *Iconographie :* **Hatier illustration** • *Édition :* **Anne Peeters**

ISBN : 978-2-218-98889-9

Établir sa liste d'objets d'étude

1

Le brevet comprend une épreuve orale d'histoire des arts de coefficient 2. Vous pouvez choisir de préparer et passer cette épreuve individuellement ou en groupe (trois élèves maximum). Quoi qu'il en soit, vous devez établir une liste de cinq objets d'étude. C'est sur l'un d'eux que le jury vous interrogera.

1 *Les périodes historiques*

C'est vous qui choisissez les « objets d'étude » – œuvres ou mouvements artistiques – de la liste.

▶ Conformément au programme d'histoire des arts de 3e, les œuvres doivent, pour au moins trois d'entre elles, appartenir aux **XXe et XXIe siècles.**

▶ Vous pouvez également choisir une ou deux œuvres de siècles antérieurs, étudiées les années précédentes.

2 *Les domaines artistiques*

▶ Les œuvres que vous choisissez relèveront sans doute majoritairement du domaine très vaste des **arts du visuel** (peinture, sculpture, architecture, dessin, photographie, bande dessinée, arts numériques, cinéma, vidéo).

▶ Prenez garde à illustrer également au moins deux autres des domaines cités ci-dessous :
– **arts de l'espace** : architecture, urbanisme, arts des jardins…
– **arts du langage** : littérature (tous les genres, écrits ou oraux), calligraphie…
– **arts du quotidien** : arts décoratifs (mobilier, luminaire), arts de la mode, art de la publicité…
– **arts du son** : musique vocale ou instrumentale, musique de film, bruitage…
– **arts du spectacle vivant** : théâtre, musique, danse, mime, arts du cirque…

3 *Les thématiques*

Vous devez **rattacher chaque œuvre de votre liste à une thématique.** Pour cela, aidez-vous des indications données dans ce tableau.

Thématique	Infos
Arts, créations, cultures	Cette thématique permet de faire le lien entre les œuvres d'art et les sociétés qui les ont produites. Les contes et légendes, les édifices religieux, les spectacles de théâtre peuvent être rattachés à cette thématique.
Arts, espace, temps	Voici une thématique très large à laquelle vous pouvez associer des œuvres évoquant le temps (les âges de la vie, une époque historique, la vitesse) ou l'espace (ouvert/clos ; avec ou sans profondeur).
Arts, États et pouvoir	Parce qu'elles posent souvent la question du rapport que les œuvres d'art entretiennent avec le pouvoir, les œuvres des XXe et XXIe siècles sont souvent liées à cette thématique.
Arts, mythes et religions	Cette thématique permet d'aborder les rapports entre art et mythe, art et religions. S'inscrivent notamment dans cette thématique toutes les œuvres évoquant des grandes figures mythiques (d'Ulysse à Superman en passant par Frankenstein ou Dracula).
Arts, techniques et expressions	À travers cette thématique, vous abordez l'œuvre sous un angle plus technique. L'histoire des arts est liée à l'évolution des techniques et certaines œuvres sont le résultat d'une technique particulière.
Arts, ruptures et continuités	Un artiste est toujours l'héritier d'une certaine tradition. Mais il peut chercher à renouveler celle-ci. Cette thématique vous invite à étudier notamment des œuvres qui ont créé une rupture et fait émerger une nouvelle vision du monde.

CONCLURE

Le jour de l'épreuve d'histoire des arts, le jury choisit un des cinq objets d'étude dans la liste que vous avez établie. Cette liste obéit à des critères précis. Elle comprend surtout des œuvres des XXe et XXIe siècles, et illustre au moins trois domaines artistiques différents.

Préparer un dossier

2

L'épreuve d'histoire des arts est orale. Vous pouvez vous aider d'un support écrit : le « dossier » que vous aurez préparé.

1 Pourquoi faire un dossier ?

Ce dossier n'a rien d'obligatoire, mais il sera d'un soutien précieux lors de votre oral. Il comprendra pour chaque œuvre : une **reproduction** de l'œuvre et **trois fiches** (voir ci-dessous).

2 Comment le construire ?

A Un plan en trois étapes pour ne rien oublier

- **Présenter** l'œuvre dans son contexte.
- **Décrire** l'œuvre de manière globale puis détaillée.
- **Interpréter** l'œuvre.

Fiche 1 : Présentation générale	
Nommer l'œuvre, indiquer le type d'œuvre	*Cette œuvre s'intitule…* (titre). *Il s'agit d'un/d'une…* (genre).
Présenter l'artiste	*Elle a été réalisée par…* (nom de l'artiste) *en…* (date).
Présenter le contexte	Caractériser le contexte historique (l'époque) et esthétique (mouvement associé à l'artiste).
Fiche 2 : Description	
Décrire de manière globale	Préciser la technique, les dimensions, le thème général. Éventuellement le lieu où l'œuvre se trouve.
Faire une description détaillée	Décrire la composition, les différents motifs, les couleurs, la lumière…
Fiche 3 : Interprétation	
Expliquer la signification de l'œuvre	Dégager l'intention de l'artiste, analyser l'effet produit.
Comparer avec une autre œuvre	Citer si possible une œuvre proche par son thème ou sa technique (du même artiste ou d'un autre artiste).
Exprimer votre sentiment personnel	Conclure en expliquant pourquoi vous avez choisi cette œuvre.

B Conseils pour la rédaction des fiches

Pour créer vos fiches, vous pouvez vous aider d'Internet en ce qui concerne le contexte biographique et culturel de l'œuvre. Mais vous devez surtout **regarder l'œuvre** et tirer de vos observations la matière principale de l'exposé.

ATTENTION Les fiches de cet ouvrage sont très complètes et ne doivent pas être reprises telles quelles dans votre dossier. Vos fiches doivent être rédigées de façon synthétique, avec uniquement les **idées clés.**

3 *Sous quelle forme le présenter ?*

A La salle est équipée d'un vidéoprojecteur ou d'un tableau blanc interactif

▶ Renseignez-vous pour savoir si le jour de l'examen vous disposez d'un ordinateur et d'un vidéoprojecteur. Si c'est le cas, vous pouvez créer un **diaporama** (avec Impress ou Powerpoint) : ainsi, toutes les personnes présentes dans la salle pourront mieux suivre votre présentation.

▶ Prévoyez :

– **maximum 10 diapositives** par œuvre (environ une diapositive pour chacun des points distingués ci-dessus) ;

– une diapositive avec la reproduction de l'œuvre et son titre ;

– maximum **trois idées par diapositive** (donc un texte n'excédant pas 500 caractères) ;

– d'autres **visuels** (portrait de l'artiste, zooms sur des détails de l'œuvre, autre œuvre permettant un rapprochement).

B Pas de vidéoprojecteur mais la nécessité d'être concis

Si vous ne pouvez pas compter sur un vidéoprojecteur, concevez tout de même votre dossier sur le modèle d'un diaporama : sur chaque feuille (au format paysage), peu de texte et des **phrases courtes** !

CONCLURE

Pour parler plus aisément de l'œuvre sélectionnée, il vaut mieux venir le jour de l'épreuve avec un dossier composé de « diapositives » où ne figurent que les idées clés.

Réussir l'épreuve

3

L'oral d'histoire des arts se déroule en deux temps : un exposé suivi d'un entretien avec le jury. Tout au long de l'épreuve est évaluée la qualité de votre prestation orale, tant du point de vue du contenu que de l'expression.

1 *Le déroulement de l'épreuve*

▶ Comme pour l'examen écrit, vous allez recevoir une convocation indiquant le jour et l'heure de l'épreuve. À la différence de l'examen écrit, cependant, le jury est composé de professeurs de votre collège.

▶ L'épreuve dure **15 minutes**. Après un exposé d'une durée de 5 minutes sur l'œuvre sélectionnée, le jury vous pose des questions et vous y répondez au cours des 10 minutes suivantes.

▶ Le jury vous attribue une **note sur 20** ; mais cette note ne sera communiquée qu'avec la publication officielle des résultats du brevet.

2 *Se préparer à l'exposé*

Parler pendant 5 minutes d'une œuvre d'art, cela ne s'improvise pas, même avec l'aide du dossier que vous avez réalisé. Il vous faut donc préparer cet oral avec soin dans les jours qui précèdent l'épreuve.

A Relire ses diapositives

▶ En premier lieu, relisez vos diapositives à voix haute. Cela vous permet de vérifier que :
– votre exposé s'enchaîne bien, vous pouvez en mémoriser facilement le déroulement ;
– vos **phrases** ne sont **pas trop compliquées**, vous pourrez les énoncer à l'oral de manière naturelle.

▶ Lors de cette étape, n'hésitez pas à réduire encore votre texte, à ajouter des mots de liaison et à simplifier certaines de vos phrases.

B Organiser un « oral blanc »

▶ Quand vous pensez avoir mémorisé l'essentiel de votre dossier, demandez à un ami ou à un membre de votre famille de **vous interroger sur une ou plusieurs œuvres**.

▶ Tenez compte alors de ces deux conseils, valables aussi le jour de l'épreuve :
– Prenez garde à **votre tenue** : vous devez vous tenir droit, regarder votre interlocuteur, articuler et parler assez fort.
– **Évitez de lire** vos diapositives (vous devez avoir votre exposé en tête). N'hésitez pas à développer certains points de manière improvisée.

3 *Réussir l'entretien*

A Les questions du jury

L'entretien avec le jury prend appui sur votre exposé et la liste de vos cinq objets d'étude.

▶ Le jury va donc vous poser des questions vous permettant :
– de **préciser certains points** de votre exposé (il peut revenir en particulier sur les caractéristiques de l'œuvre, ou vous demander de commenter un détail…) ;
– d'expliquer rapidement vos autres choix d'œuvres.

▶ Plus rarement, il peut **vous faire réagir à une œuvre** qui ne fait pas partie de votre liste, mais en lien avec les objets d'étude choisis.

B Vos réponses

▶ **Ne vous laissez pas désarçonner** par les questions du jury. Si vous n'avez pas une réponse immédiate, vous pouvez – pour vous donner le temps de réfléchir à la réponse – reformuler la question posée avec une formule du type : « Vous me demandez donc si… » puis enchaîner avec la réponse. Si vous ne savez pas répondre, dites-le poliment : « À cette question-là, je ne sais pas très bien quoi vous répondre. »

▶ Préférez des **réponses courtes mais précises et argumentées**. Si les questions portent sur l'œuvre, projetez-la à nouveau (première diapositive) et complétez votre démonstration en vous appuyant sur le visuel.

▶ Dans le cas de questions assez ouvertes sur vos pratiques culturelles, n'hésitez pas à faire valoir une **expérience personnelle** récente (concert, exposition, lecture), quelle qu'elle soit, du moment qu'elle est en lien avec la question.

CONCLURE

Le jour de l'épreuve, vous êtes jugé(e) sur la clarté de l'exposé et sur votre capacité à répondre aux questions du jury de manière précise et argumentée. Cela se prépare !

Les révolutions artistiques du XXe siècle

4

De nouveaux courants artistiques apparaissent : ils bouleversent la conception qu'on se faisait de la représentation.

1 Les premiers courants d'avant-garde

Les avant-gardes ne cherchent plus à imiter la nature. Elles mettent en avant la couleur, le mouvement, les sentiments, pour s'éloigner peu à peu de la figuration, jusqu'à l'abstraction totale.

> INFO On appelle l'art de la fin du XIXe siècle à la Seconde Guerre mondiale « l'art moderne » ; et l'art depuis 1945 « l'art contemporain ».

A Le fauvisme

▶ Au Salon d'automne de 1905, Matisse (*La Femme au chapeau*), Derain (*Collioure, port de pêche*) et leurs amis affirment l'importance de la couleur. Leur audace choque le public.

▶ Ils procèdent par **aplats de couleurs vives** très contrastées, traduisant l'émotion du peintre devant la nature, mais sans chercher à l'imiter.

B Le cubisme

▶ En 1907, Picasso peint *Les Demoiselles d'Avignon*, en s'inspirant de « l'art nègre » et de la sculpture ibérique.

▶ Les cubistes simplifient les traits, schématisent les volumes, les fragmentent, les peignent sous **différents points de vue** (*Guernica* de Picasso → FICHES 24 À 26).

C L'art abstrait

▶ En 1910, **Kandinsky** et le groupe du Cavalier bleu (*Blaue Reiter*) abandonnent la peinture figurative. Le tableau traduit les sentiments du peintre, par ses lignes et ses couleurs.

▶ La définition même de l'œuvre d'art est mise en question. Marcel Duchamp crée des œuvres absurdes et poétiques à partir d'objets du quotidien, ce sont les ***ready-made*** (*Roue de bicyclette*, 1913).

▶ En 1917, Mondrian, fondateur du mouvement ***De Stijl***, prône l'abstraction totale. Il peint à l'aide des couleurs primaires, du noir, du blanc, du gris, des tableaux composés exclusivement de lignes horizontales et verticales.

▶ Le **suprématisme** pousse l'abstraction à l'extrême et la peinture à son « degré zéro » (Malevitch, *Carré blanc sur fond blanc*, 1918).

2 Un siècle de progrès

A Les artistes face au progrès

▶ Le **futurisme** italien exalte le monde moderne, la vitesse, la machine. Il influence les artistes français (*Le Cheval majeur* de Duchamp-Villon → FICHES 6 À 8).

▶ Les **nouveaux réalistes** questionnent le statut de l'œuvre dans la société de consommation : Arman accumule des objets, César les compresse, Yves Klein réalise des performances (*Anthropométrie de l'époque bleue* → FICHES 30 À 32).

B L'apparition des arts industriels

▶ La **photographie** est considérée comme un art à part entière au début du XXe siècle. Elle exprime le point de vue du photographe sur le monde (*Invasion Prague 1968* de Koudelka → FICHES 36 À 38).

▶ Mis au point par les frères Lumière en 1895, le **cinéma** devient une industrie. Il est sans cesse enrichi d'innovations : effets spéciaux (Georges Méliès), cinéma parlant en 1927, technicolor en 1932… (*King Kong* de Cooper et Shoedsack → FICHES 12 À 14)

▶ Le **design** : de nouveaux matériaux (acier, plastique) et les facilités de production de l'objet invitent à innover sur le plan esthétique.

▶ L'**architecture** profite aussi de ces nouvelles techniques (mouvement Art déco avec par exemple le *Chrysler Building* de Van Alen → FICHES 9 À 11). En Allemagne, le Bauhaus cherche à concilier l'art, la machine et l'homme.

▶ Les premiers récepteurs de **télévision** sont commercialisés aux États-Unis dès 1941. Celle-ci devient un média de masse populaire dominant, d'abord en noir et blanc, puis en couleur (1953).

CONCLURE

Les artistes du XXe siècle révolutionnent les concepts traditionnels de l'esthétique : l'art devient un acte de communication au centre duquel se trouve l'artiste, ses opinions et ses sentiments. En lien avec le progrès, de nouvelles techniques artistiques se développent.

Art, guerres et totalitarismes au XXe siècle

5

Le XXe siècle est traversé par des guerres et des crises politiques sans précédent, qui bouleversent les sensibilités et poussent certains artistes à s'engager.

1 *Un siècle à l'épreuve de la violence*

A Deux conflits mondiaux

▶ La guerre de 1914-1918 est **brutale et meurtrière**, avec un bilan humain, matériel et financier très lourd.

▶ La guerre de 1939-1945 est traumatisante par sa violence, tant envers les soldats que les civils. En 1945, le monde découvre avec horreur le **génocide** des Juifs et des Tziganes.

B L'idéologie totalitaire

> INFO Un État totalitaire cherche à uniformiser la société autour de son idéologie, portée par un chef providentiel.

▶ À partir de 1917, en URSS, Lénine met en place une société communiste autour d'un parti unique. En 1929, **Staline** instaure une dictature qui contrôle la population par la terreur et la propagande.

▶ En Allemagne, en 1933, **Hitler** arrive au pouvoir. L'idéologie nazie se fonde sur le mythe d'une race aryenne supérieure. Cette idéologie raciste, antisémite et expansionniste est imposée par la terreur.

C La guerre froide (1947-1991)

▶ Dès 1947, l'entente entre les pays vainqueurs se dégrade. Le monde est divisé en **deux blocs, Est et Ouest**, aux systèmes politiques et économiques opposés. Les États-Unis et l'URSS s'affrontent par pays interposés.

▶ La guerre froide prend fin en 1991 avec la **disparition de l'URSS**.

2 *Les artistes face à la guerre et au totalitarisme*

A La liberté de l'inconscient face à l'absurdité du monde

▶ En réaction à la violence et à l'absurdité de la guerre, le **mouvement dada** est créé en 1916 sur fond de provocation et d'ironie. La création doit être spontanée et livrée au hasard.

▶ À partir des années 1920, les **surréalistes** (Breton, Man Ray, Dalí, Buñuel) demandent la libération totale de la création, laissée à l'inconscient, au rêve, aux fantasmes.

B Art, États, pouvoir

▶ L'art peut être utilisé à des fins de **propagande** (affiche « Comment voter contre le bolchevisme ? » de Barrère → FICHES 21 À 23) par tous les types de pouvoir.

▶ Les **États totalitaires** l'utilisent particulièrement pour exprimer leur idéologie. L'art nazi célèbre la force virile, la famille, la patrie : l'art qui n'est pas conforme à ces valeurs est qualifié de « dégénéré ».

▶ Le domaine des arts et de la culture est étroitement surveillé par les dictatures. Durant l'occupation allemande, les artistes subissent la **censure**, les restrictions, la répression, mais ils résistent par leurs œuvres (Louis Aragon, « Strophes pour se souvenir »).

C Artistes et engagement

Les tragédies du XXe siècle poussent les artistes à s'engager contre une situation qui les indigne.

▶ Les **expressionnistes allemands** (Grosz, Dix, Beckmann) dénoncent les atrocités de la Grande Guerre et les conséquences de la crise des années 1930 dans une peinture où la recherche de la beauté n'est plus d'actualité.

▶ Les œuvres engagées ont une **portée militante et symbolique forte** (*Guernica* de Picasso → FICHES 24 À 26 ; *Le Chant des partisans* de Kessel et Druon → FICHES 27 À 29). Elles doivent faire réagir les esprits, en évoquant des valeurs universelles de paix, de liberté, d'humanisme (*Antigone* d'Anouilh → FICHES 15 À 17 ; *L'Armée des ombres* de Melville → FICHES 33 À 35).

CONCLURE

Les événements tragiques du XXe siècle ont modifié le rôle des artistes dans la société. Beaucoup d'entre eux mettent leur art au service de la cause qu'ils défendent. Ils font de ces événements la matière de leur œuvre, pour exprimer un traumatisme, un questionnement, des opinions politiques, morales ou philosophiques.

Le Cheval majeur situer l'œuvre

6

→ DÉPLIANT, I ET II

Le Cheval majeur *est l'expression d'une époque, celle de la seconde révolution industrielle et de la Grande Guerre.*

FICHE D'IDENTITÉ

Auteur : Raymond Duchamp-Villon (1876-1918), sculpteur français.
Titre et date : *Le Cheval majeur* (1914).
Technique : bronze – **Dimensions** : 150 × 97 × 153 cm.
Domaine artistique : Arts de l'espace.
Thématiques : Arts, ruptures et continuités ; Arts, techniques et expressions.

1 *Le contexte historique*

A La seconde révolution industrielle

Entre 1850 et 1940, l'Europe connaît une formidable **croissance économique.** On exploite de nouvelles sources d'énergie. L'essor des machines-outils et des moyens de transport transforme la société.

B La Grande Guerre

▶ En août 1914, les tensions nationalistes dans l'est de l'Europe déclenchent un **conflit qui s'internationalise** très rapidement.

▶ On pense que l'issue de la guerre sera rapide. Mais les fronts se stabilisent et les troupes s'enlisent dans les **tranchées.** Les soldats vivent dans des conditions terribles.

▶ En 1917, la Russie révolutionnaire se retire du conflit. L'Allemagne est repoussée sur la Marne et se heurte à l'arrivée des renforts américains. L'**armistice** est signé le **11 novembre 1918**.

C Une guerre totale

▶ C'est la **première guerre industrielle** de l'histoire : grenades, lance-flammes, gaz, chars, avions y ont été utilisés massivement. Elle a causé 9 millions de morts en Europe.

▶ **66 millions d'hommes sont partis** sous les drapeaux. Les femmes les ont remplacés au champ et à l'usine.

2 *L'auteur : Raymond Duchamp-Villon (1876-1918)*

▶ Autodidacte, Raymond Duchamp-Villon devient rapidement un artiste renommé et expose au **Salon d'automne de 1905**. Il participe à de nombreuses expositions à Prague, à New York. Dans les années 1910, il crée avec ses frères, Jacques Villon et Marcel Duchamp, le groupe cubiste de la « **Section d'or** ».

▶ Avant d'être mobilisé pour la guerre, il crée son œuvre la plus célèbre, *Le Cheval majeur*, en plâtre. L'œuvre ne sera réalisée en bronze que bien plus tard.

▶ L'artiste est envoyé au front en Champagne. Il contracte la fièvre typhoïde et **meurt en 1918**. Jacques Villon s'occupe alors de diffuser son œuvre.

INFO La mort prématurée de Duchamp-Villon, à l'âge de 41 ans, explique qu'il reste peu connu alors qu'il est considéré comme l'un des pionniers de la sculpture moderne.

3 *Les mouvements artistiques*

A Le cubisme

▶ Le cubisme est la révolution picturale initiée en 1907 par Picasso, Braque et Léger. S'inspirant de « l'art nègre » et de la peinture de Cézanne, les artistes cubistes ont pour ambition de saisir objets et figures **à partir de plusieurs angles successifs** fusionnés en une seule image.

▶ Dès 1911, le mouvement s'essouffle : la « Section d'or » fondée par Duchamp-Villon cherche à le renouveler.

B Le futurisme

▶ Le futurisme est un mouvement artistique né en Italie en 1904, théorisé par le **peintre Umberto Boccioni** (1882-1916). Il exalte le monde urbain et moderne, la machine, la vitesse.

▶ Duchamp-Villon s'intéresse au *Manifeste technique de la sculpture futuriste* de Boccioni, en 1912, et à l'exposition de ses œuvres à Paris l'année suivante. Il se lance alors dans la création de son *Cheval*.

Le Cheval majeur caractériser l'œuvre

7

→ DÉPLIANT, I ET II

Duchamp-Villon utilise les idées nouvelles des cubistes sur la perception des volumes et la multiplication des points de vue. Précédée d'une série d'études (*Cheval et cavalier, Petit Cheval, Tête de cheval*), cette œuvre est l'aboutissement de toutes ses recherches.

1 *Observer la sculpture*

A Les proportions

▶ Le cheval d'origine mesure **40 cm de haut**. La guerre fauche le sculpteur avant qu'il ne puisse réaliser la sculpture « à hauteur d'homme » qu'il désire.

▶ En 1931, Jacques Villon fait couler une version d'un mètre de haut en plâtre, *Le Grand Cheval*. Marcel Duchamp, en **1966**, fait réaliser un agrandissement d'**un mètre cinquante** de haut, qu'il baptise *Cheval majeur* (150 × 97 × 153 cm). Treize exemplaires en sont tirés.

B La technique

▶ La version réalisée par Raymond Duchamp-Villon en 1914 est en **plâtre**.

▶ Celle de Marcel Duchamp est en **bronze** « à patine noire ».

▶ L'ultime pièce est fondue en 1984 en **acier poli**, selon le souhait initial de Duchamp-Villon, à la demande du conservateur du musée des Beaux-Arts de Nancy.

C Les formes

▶ Les formes, réalisées après de nombreuses esquisses, sont **épurées**. Les lignes arrondies se mêlent à d'autres lignes plus droites.

▶ On distingue la **silhouette du cheval**, sa tête, la crinière, les sabots.

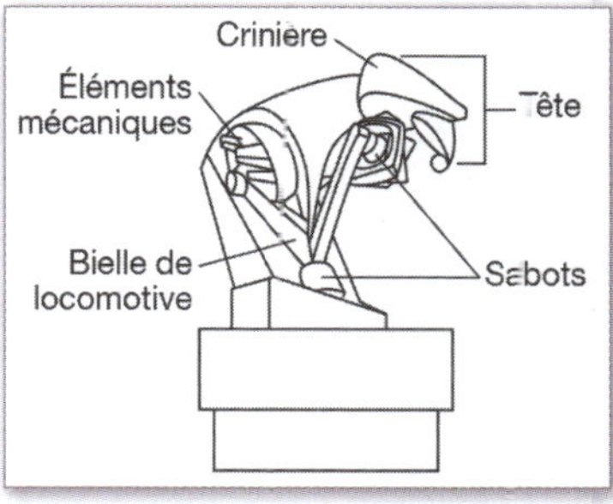

▶ D'autres parties rappellent des éléments appartenant à une **locomotive** : des bielles, des pistons. La créature représentée semble un être hybride alliant le biologique et le mécanique.

2 *Analyser la sculpture*

A Une sculpture cubiste

▶ Duchamp-Villon traite les volumes de manière géométrique, **sous la double influence de « l'art nègre » et du cubisme.** Le corps de l'animal, avec ses lignes arrondies ou droites, est fragmenté. Le bronze à patine noire rappelle l'ébène des sculptures africaines.

▶ Cependant, à la différence des sculpteurs cubistes qui taillent l'objet de manière à traduire en trois dimensions les ruptures de plan de la peinture cubiste, Duchamp-Villon cherche avant tout à restituer une impression de **dynamisme.**

▶ Ainsi, lignes droites et courbes convergent dans un mouvement en avant, traduisant **l'élan de cet être hybride**, que l'on perçoit où que l'on se place.

B La puissance de la machine

▶ Duchamp-Villon souhaitait donner à son *Cheval* des **dimensions imposantes.** Il se distingue en cela des autres sculpteurs cubistes, qui pensaient en petites dimensions.

▶ Ces volumes importants lui permettent de traduire « la puissance de la machine » telle que « nous ne concevons plus les vivants sans elle ». Conçu sur fond de **seconde révolution industrielle**, *Le Cheval majeur* allie en effet des lignes courbes et épurées, évoquant l'animal, et des formes rectilignes et anguleuses, suggérant la machine.

C Une sculpture d'inspiration futuriste

▶ Alors qu'en France la sculpture cherche à se renouveler, Duchamp-Villon trouve dans les thématiques futuristes un **nouveau mode d'expression.**

▶ *Le Cheval majeur*, dont le nom évoque le cheval-vapeur, se rapproche du futurisme par **l'alliance animal/machine**, ainsi que par la force et le dynamisme exprimés.

D'AUTRES ŒUVRES POUR COMPARER

Auguste Rodin (1840-1917), le modèle incontesté

À la fin du XIXe siècle et au début du XXe, Rodin est le modèle incontesté des sculpteurs. Les jeunes artistes comme Duchamp-Villon débutent en s'en inspirant. Cependant, vers 1900, ils cherchent à s'en démarquer, fuient **l'esthétique émotionnelle du maître**, ses personnages contractés, pour aller vers la simplification des formes et la géométrisation.

POUR EN SAVOIR PLUS

Pour mieux connaître Auguste Rodin, consultez sa biographie illustrée sur le site : www.musee-rodin.fr

L'exemple de Constantin Brancusi (1876-1957)

Brancusi choisit très vite de dépasser l'esthétique de Rodin et refuse de représenter le muscle, qu'il appelle « bifteck ». Il **recherche la forme pure** et la simplicité. Renonçant à la glaise qu'il juge impure, il utilise le marbre et le bronze, estompe les traits, élimine les détails. *La Muse endormie* (1909-1910 ; ci-contre), en forme d'œuf, forme à la fois parfaite et fragile, est l'illustration de sa conception de la sculpture.

POUR EN SAVOIR PLUS

Pour découvrir les œuvres et la vie de Brancusi, consultez le dossier : mediation.centrepompidou.fr/education/ressources/ens-brancusi/ens-brancusi.htm

Un sculpteur futuriste : Umberto Boccioni (1882-1916)

Peintre et sculpteur, théoricien du futurisme, il pense qu'« il n'y a qu'une loi pour l'artiste, c'est **la vie moderne** et la sensibilité futuriste ». Il subit l'influence du cubisme et représente des sujets statiques en multipliant les plans, comme dans son œuvre *Formes uniques de continuité dans l'espace* (1912). Le sujet, en bronze, puissant et massif, aux lignes heurtées, rappelle le *Cheval majeur* par la force et la vitesse du mouvement.

POUR EN SAVOIR PLUS

Vous trouverez une présentation de cette œuvre en tapant « Boccioni » dans le moteur de recherche interne au site : www.ac-creteil.fr

Les ready-made de Marcel Duchamp (1887-1968)

Le frère de Duchamp-Villon révolutionne l'art moderne. Influencé lui aussi par la modernisation de la société, il érige des **objets manufacturés au rang d'œuvre d'art** (c'est le *ready-made*), énonçant que le seul choix de l'artiste suffit à les élever à ce rang. Le *Porte-bouteilles*, la *Roue de bicyclette* et *Fontaine* (un urinoir retourné) en sont des illustrations célèbres.

LES IDÉES CLÉS DE VOTRE EXPOSÉ

- *Le Cheval majeur* est une sculpture de Raymond Duchamp-Villon, réalisée en petites dimensions par l'artiste en 1914, puis agrandie par ses frères, de manière posthume.
- Cette œuvre est **au croisement des esthétiques cubiste et futuriste.**
- Reflet de l'époque de la seconde révolution industrielle, elle exprime la **synthèse de la force animale et de la robustesse de la machine.**
- L'industrialisation inspire d'autres sculpteurs de l'époque (Umberto Boccioni, Marcel Duchamp).

Ré
ex

Chrysler Building situer l'œuvre

9

→ DÉPLIANT, III

Situé à l'angle de Lexington Avenue et de la célèbre 42e rue, le Chrysler Building domine l'île de Manhattan. Il est un des plus célèbres gratte-ciel de New York.

FICHE D'IDENTITÉ

Auteur : William Van Alen (1883-1953), architecte américain.
Titre et date : *Chrysler Building* (1928-1930).
Technique : assemblage d'acier et de briques.
Domaine artistique : Arts de l'espace.
Thématiques : Arts, ruptures et continuités ; Arts, espace, temps.

1 *Le contexte historique*

A La prospérité des États-Unis dans les années 1920

▶ Après la Première Guerre mondiale, les États-Unis deviennent **la plus grande puissance économique du monde**. New York est la première place financière mondiale. La spéculation boursière atteint des sommets.

▶ Le pétrole fournit une nouvelle source d'énergie bon marché. La production augmente grâce à de nouvelles méthodes de travail (**taylorisme**). **L'automobile** et les appareils électriques font leur apparition. L'industrie aéronautique est en plein essor.

▶ Grâce à une hausse des salaires et au crédit bancaire, **la consommation explose**. Les populations aisées vivent en ville, dans des banlieues pavillonnaires qui s'étendent.

B Une période trouble

▶ **Les inégalités s'accroissent** cependant. Beaucoup de pauvres ne peuvent acquérir les biens produits par l'industrie.

▶ Des mesures limitent l'immigration aux États-Unis ; la **ségrégation raciale** règne.

▶ Les lois de la **prohibition** interdisent la fabrication et la vente d'alcool de 1919 à 1933. Mais des gangs organisent le commerce illégal d'alcool. La violence urbaine s'étend.

C La Grande Dépression

▶ Le krach boursier de Wall Street le 24 octobre 1929 (« jeudi noir ») ruine des milliers de spéculateurs et provoque une panique boursière. Les entreprises sont entraînées dans une **crise économique qui affecte le monde entier**.

▶ En 1933, le président américain Roosevelt adopte la politique du **New Deal** : il dévalue le dollar, initie de grands travaux, tente de dynamiser la consommation.

2 *L'auteur : William Van Alen (1883-1953)*

▶ William Van Alen est un **architecte américain**. Formé au Pratt Institute de Brooklyn, il remporte un prix qui lui permet de partir étudier à l'école des Beaux-Arts de Paris, auprès de Victor Laloux, architecte de la gare d'Orsay.

▶ À son retour à New York, il s'associe avec H. Craig Severance. En 1925, les deux partenaires se brouillent, devenant des rivaux.

▶ En 1928, **Walter Chrysler**, magnat de l'industrie automobile, demande à Van Alen de construire **le plus haut bâtiment du monde**, à la gloire de son entreprise. La première pierre est posée le 19 septembre 1928 et l'inauguration a lieu le 27 mai 1930.

3 *Le mouvement artistique : l'Art déco*

▶ Le mouvement Art déco naît dans les années 1910 et connaît son **âge d'or dans les années 1920-1930**. Il concerne d'abord les **arts dits « mineurs »** (mobilier, orfèvrerie, verrerie, reliure, tissus), puis l'**architecture**. Il est le reflet des progrès techniques et des bouleversements de la période.

> INFO « Art déco » est l'abréviation de « Arts décoratifs ». Ce nom vient de l'Exposition internationale des arts décoratifs et industriels modernes, organisée à Paris en 1925.

▶ Le mouvement s'inspire des courants artistiques contemporains : le fauvisme, « l'art nègre », le cubisme, le futurisme, le constructivisme. Après l'exubérance du style Art nouveau, il se caractérise par un **retour à la sobriété**, avec la simplification et la géométrisation des formes, la stylisation des motifs.

Chrysler Building caractériser l'œuvre

10

→ DÉPLIANT, III

Dans les années 1920, les États-Unis affirment leur hégémonie face au reste du monde. Le Chrysler Building est un des témoignages de cette période faste.

1 Observer le bâtiment

A Les proportions

▶ Les fondations du *Chrysler Building* s'enfoncent à 21 mètres de profondeur. Le bâtiment est haut de **319 mètres** et comporte **77 étages**. On a utilisé pour la construction 20 961 tonnes d'acier, 3 826 000 briques, 391 881 rivets.

▶ Il possède 3 862 fenêtres et 34 ascenseurs. Ses locaux offrent une superficie de 111 201 m².

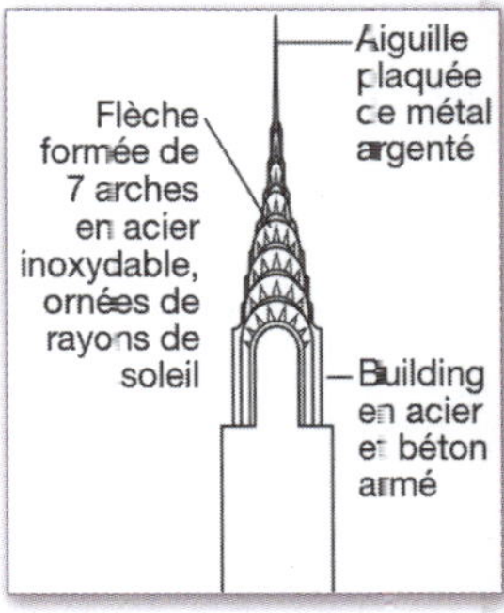

B Les décorations extérieures

▶ Huit **aigles en acier** ornent le 61e étage. Le 31e étage comprend deux ailes d'aigle ; les 20e, 21e et 24e étages, des ananas. Toutes ces décorations sont en acier inoxydable.

▶ L'éclairage extérieur de la flèche est assuré par un ensemble de lampes en forme de « V », directement insérées dans l'acier inoxydable. Des **projecteurs** permettent d'illuminer le gratte-ciel, selon les événements du calendrier.

C Les décorations intérieures

▶ Des **matériaux luxueux** sont utilisés : le granit et l'acier, le marbre marocain, le marbre jaune. Les ascenseurs sont décorés avec des bois exotiques.

▶ Le 25e étage est pourvu d'une **frise** nommée *Transport and Human Endeavor* (« Les transports et l'effort humain »), réalisée par Edward Trumbull en 1930.

2 Analyser le bâtiment

A Un building à la gloire de Chrysler

▶ Par sa taille et les matériaux utilisés, le gratte-ciel est **à l'image de l'influence et de la vitalité de l'entreprise.**

▶ Les décorations intérieures et extérieures symbolisent les **standards de la marque.** Ainsi en est-il des huit aigles en acier du 61e étage, l'aigle étant l'emblème de la marque qui orne le capot des voitures Chrysler.

▶ La frise du 25e étage, *Transport and Human Endeavor,* représente des cohortes d'ouvriers occupés à construire des avions, à assembler des voitures… Cet ensemble célèbre les **valeurs économiques et sociales** du pays exaltées par la marque.

B Un symbole de la puissance américaine

▶ À l'époque où le *Chrysler Building* est construit, les gratte-ciel symbolisent la puissance américaine et la **course au plus haut gratte-ciel** du monde est en cours à New York.

▶ Sur les plans initiaux, la tour culminait à 282 mètres. Mais le *40 Wall Street*, dessiné par H. Craig Severance, menace de la dépasser. Van Alen ajoute finalement une **flèche de 38 mètres** au sommet de son gratte-ciel. Le *Chrysler Building* devient le plus haut bâtiment du monde, jusqu'à la construction de l'*Empire State Building*, un an plus tard (381 mètres).

C Un monument Art déco

▶ Le *Chrysler Building* est un monument Art déco : en témoignent ses **formes géométriques simples et régulières**, ainsi que ses ornements rappelant la fonction du bâtiment.

▶ Comme la plupart des monuments du même style, il est construit en **béton armé.**

D'AUTRES ŒUVRES POUR COMPARER

Les années 1920 sont celles du renouvellement et de l'avant-garde dans tous les domaines artistiques : notamment celui de l'architecture.

D'autres gratte-ciel Art déco

▶ D'autres **gratte-ciel des États-Unis** appartiennent au style Art déco : le *One Liberty Place* de Philadelphie, le *Los Angeles City Hall*, le *Chicago board of trade Building*, le *Buffalo City Hall*, le *Capitole* de l'État de Louisiane.

▶ C'est à **New York** que ce style est le plus présent : l'*Empire State Building* (1929-1931, Shreve, Lamb & Harmon), le *Chanin Building* (1927-1930, J. Sloan & M. T. Robertson), le *Daily News Building* (1930) et le *McGraw Hill Building* (1931, Raymond Hood).

Le Bauhaus

▶ En 1927, l'école du Bauhaus, fondée à Weimar par Walter Gropius, déménage à Dessau et fonde la section architecture. « Bauhaus » signifie « maison de la construction ». Ce mouvement cherche à lier les arts plastiques avec l'architecture, l'artisanat et l'industrie. Pour Gropius, **« le terme de toute activité plastique est la construction »**.

▶ Il a eu une forte influence dans le monde de l'architecture, du design, des arts plastiques, de la photographie et de la danse. L'école est **fermée en 1933 par Hitler** et la plupart de ses professeurs fuient aux États-Unis.

POUR EN SAVOIR PLUS

Pour en savoir plus sur ce mouvement, visitez le site : www.contemporain.com/design/ecoles/bauhaus.html

Antonio Gaudi (1852-1926), architecte visionnaire

▶ Artiste complet, lié au milieu de la « **Renaissance catalane** » qui prône un retour au style gothique, Antonio Gaudi connaît très tôt le succès. Son principal mécène est le riche industriel Eusebio Guell pour lequel il réalise de nombreux projets.

▶ À compter de 1884, il travaille sur un projet fou à Barcelone : la ***Sagrada Familia***, une basilique « gothique » qu'il n'achèvera jamais.

▶ Le style de Gaudi se caractérise notamment par la récupération de matériaux, des formes animales et végétales, des colonnes obliques et des voûtes paraboliques. Toutes ces formes ont une **portée symbolique, liée à la mythologie et à la psychanalyse**.

POUR EN SAVOIR PLUS

Une présentation de la cathédrale *Sagrada familia* à Barcelone : www.gaudidesigner.com/fr/sagrada-familia.html

LES IDÉES CLÉS DE VOTRE EXPOSÉ

▶ Le *Chrysler Building* est un gratte-ciel dessiné par William Van Alen dans le style Art déco, style dominant dans les années 1920. Il est **inauguré en 1930**.

▶ Dans cette époque de prospérité économique, qui précède la crise des années 1930, les États-Unis affichent leur puissance par la construction de gratte-ciel de plus en plus hauts. Le *Chrysler Building* sera **le plus haut monument du monde** jusqu'à la construction de l'*Empire State Building*, un an plus tard.

▶ Sa décoration **exalte la puissance de l'économie américaine** et de l'industrie automobile, particulièrement de la marque Chrysler, son commanditaire.

▶ Les années 1920 sont une période d'avant-garde artistique. En architecture, on recherche également **de nouvelles esthétiques et techniques**, de nouveaux matériaux, comme en témoignent le style Art déco et les recherches du Bauhaus.

Ré
ex

King Kong situer l'œuvre

12

→ DÉPLIANT, IV

Ce film adapte le thème de la Belle et la Bête dans le monde moderne, alors que sévit une crise mondiale et que le fascisme gagne l'Europe. Devenu une légende du cinéma, il fascine encore aujourd'hui.

FICHE D'IDENTITÉ

Auteurs : Ernest B. Schoedsack (1893-1979) et Merian C. Cooper (1893-1973), réalisateurs américains.
Titre et date : *King Kong* (1933).
Technique : film en noir et blanc, 1 h 40 min.
Domaine artistique : Arts visuels.
Thématiques : Arts, mythes et religions ; Arts, techniques et expressions.

1 Le contexte historique

▶ Dans le camp des vainqueurs de la Première Guerre mondiale, les États-Unis affirment leur place de grande puissance économique mondiale. Mais la **Grande Dépression**, issue du krach boursier de 1929, frappe durement le pays et entraîne l'ensemble du monde développé dans une crise économique. (→ FICHE 9)

▶ En 1933, le président américain Roosevelt instaure le **New Deal** (« nouvelle donne »), pour soutenir les couches les plus modestes de la population. La situation économique s'améliore.

▶ Les années 1930 sont marquées par la **montée des extrémismes** et du fascisme en Europe. Hitler est nommé chancelier en Allemagne en 1933 ; Mussolini, au pouvoir en Italie depuis 1922, se rapproche du régime nazi. Les tensions internationales mèneront à la Seconde Guerre mondiale.

2 Le cinéma américain dans les années 1930

A Les progrès techniques

Depuis l'invention du cinématographe par les frères Lumière en 1895, le cinéma s'est modernisé. Georges Méliès invente les effets spéciaux (*Le Voyage dans la Lune*, 1902). Le **cinéma parlant** apparaît en 1929. Le premier film tourné en couleur (**technicolor**) date de 1935.

B Un art populaire

▶ Dans les années 1920, le cinéma se démocratise. Les **films burlesques** des stars de l'époque, Charlie Chaplin ou Buster Keaton, connaissent un immense succès.

▶ Le **cinéma expressionniste allemand** s'illustre dans les registres d'épouvante avec *Nosferatu* de Murnau en 1922, *Metropolis* de Fritz Lang en 1927.

▶ Dans les années 1930, les **films fantastiques** sont en vogue (*Dracula* de Tod Browning, *Frankenstein* de James Whale) : *King Kong* s'inscrit dans cette mouvance.

▶ Le cinéma est devenu une véritable industrie, sur laquelle les États-Unis règnent en maîtres, avec la suprématie des studios d'**Hollywood**.

3 *L'équipe artistique*

A Les réalisateurs

▶ Ernest B. Shoedsack (1893-1979) et Merian C. Cooper (1893-1973) sont des réalisateurs spécialistes du **documentaire animalier**.

▶ Le contexte de la Grande Dépression les empêche de réaliser un documentaire sur les gorilles d'Afrique. Cooper cherche des financements auprès des studios RKO-Pathé. Ils transforment alors leur projet en **fiction fantastique**.

B Les acteurs

▶ Fay Wray (1907-2004) incarne le personnage d'Ann Darrow. Cette actrice américaine a débuté très jeune et sa filmographie est considérable. Connue pour ses **rôles fantastiques** (*King Kong*, *La Chasse du comte Zaroff*), elle aura du mal à s'en démarquer.

CITATION « J'ai toujours été reconnaissante envers mon partenaire grand et poilu de m'avoir rendue aussi célèbre. Je suis fière d'avoir fait partie d'une œuvre devenue universelle. » (Fay Wray)

▶ Robert Armstrong (1890-1973) a lui aussi tourné dans de très nombreux films. Son rôle le plus connu reste celui de Carl Denham dans *King Kong*.

King Kong caractériser l'œuvre

13

→ DÉPLIANT, IV

Conçu dans un contexte de crise économique,* King Kong *est réalisé avec une grande économie de moyens. Les effets spéciaux sont pourtant saisissants et le scénario, riche en émotions.

1 *Regarder le film*

A Le synopsis

CONSEIL Pour réussir votre oral, il faut voir le film en entier. Vous pouvez louer le DVD (éditions Montparnasse) ou l'emprunter en médiathèque.

▶ Dans le New York de la Grande Dépression, une actrice au chômage, Ann Darrow, est engagée par Carl Denham pour être la vedette de son film. L'équipe part tourner sur une île mystérieuse nommée Skull Island (« l'île du crâne »).

▶ Les indigènes vivant sur cette île vénèrent « Kong » (*singe en indonésien*), un gigantesque singe. Ils enlèvent Ann pour l'offrir en sacrifice au monstre, mais celui-ci tombe amoureux d'elle.

▶ Après une longue poursuite, Ann est délivrée, Kong est capturé et transporté à New York. Exhibé au public, il s'échappe et sème la terreur dans la ville. Il est finalement tué, mitraillé par des avions, alors qu'il est monté avec Ann au sommet de l'*Empire State Building*.

B Les décors et la musique

▶ Le film, entièrement tourné en studio, joue sur les contrastes entre les lieux de l'action : New York, symbole du capitalisme, et Skull Island, monde clos et primitif.

▶ L'atmosphère de Skull Island est mystérieuse et onirique, grâce aux forts contrastes de la luminosité, aux effets de clair-obscur.

▶ La musique de Max Steiner exprime le danger de l'action et accompagne les mouvements de Kong.

C Les effets spéciaux

▶ Les effets spéciaux, réalisés par Willis O'Brien, constituent la moitié du budget du film.

- De nombreuses **maquettes** sont créées, en particulier celle de Kong qui est une marionnette articulée. Elles sont actionnées par des leviers et les mouvements sont rendus par le procédé du ***stop motion***, qui consiste à filmer image par image un objet déplacé manuellement.
- D'autres **trucages** sont utilisés : un système de rétroprojection, pour incorporer les créatures miniatures aux prises de vues réelles ; des plaques de verre peintes, pour densifier le décor de la jungle.

POUR EN SAVOIR PLUS

Des détails sur les effets spéciaux de *King Kong* à cette adresse : www.artefake.com/KING-KONG-1933.html

2 Analyser le film

A Un film dans le film

- *King Kong* appartient au **genre fantastique**. Des créatures surnaturelles peuplent un univers réaliste, de l'Amérique à l'Indonésie.
- L'histoire raconte un film en train de se faire. C'est une **mise en abyme**. On voit les caméras, les essayages de costume, la mise en scène…

B L'image d'une époque

- Le film montre **l'Amérique de 1929** : une grande puissance qui construit des gratte-ciel, en oubliant les laissés-pour-compte de la crise économique comme Ann.
- La **peur du monstre** « Kong » est celle de l'Occident face à la crise, mais aussi face à la montée du fascisme en Europe. Cependant, Kong est abattu du haut de l'*Empire State Building*, symbole de la puissance américaine.
- Cette peur se traduit dans la **vision rétrograde** qu'a l'homme blanc et « civilisé » des indigènes, considérés comme sauvages et barbares. L'homme blanc est présenté comme supérieur.

C La Belle et la Bête

- Le thème de la Belle et la Bête est au cœur du film de Carl Denham aussi bien que de celui de Cooper et Schoedsack. La dernière réplique du film analyse ainsi la mort de Kong : « **La Belle a tué la Bête.** »
- Kong semble invincible, se frappe le torse pour le montrer. Il est **dangereux et cruel** pour ses ennemis mais **protecteur et doux** envers la jeune femme.

D'AUTRES ŒUVRES POUR COMPARER

Monstres et géants

De nombreuses œuvres, depuis la Bible jusqu'au cinéma moderne, en passant par la mythologie, expriment la peur ancestrale de la bête originelle, des forces hostiles que l'homme doit dominer. On peut évoquer, dans le cinéma japonais d'après-guerre, **Godzilla**, monstre qui symbolise la peur du nucléaire dans le Japon traumatisé par les bombardements atomiques.

La Belle et la Bête

La première version célèbre du conte de la Belle et la Bête est celle de Jeanne-Marie Leprince de Beaumont dans son *Magasin des enfants* en 1757. Au cinéma, les films Pathé Frères en réalisent une adaptation dès 1899. Le célèbre film de **Jean Cocteau**, avec Jean Marais, sort en 1946.

Georges Méliès

Georges Méliès (1861-1938) est considéré comme **l'inventeur des effets spéciaux** : surimpression, fondus, grossissement et rapetissement des personnages… Il a créé les premiers studios de cinéma. Son film *Le Voyage dans la Lune* (1902) est une de ses œuvres les plus célèbres.

POUR EN SAVOIR PLUS

- Un mini-site consacré à Georges Méliès : education.francetv.fr/dossier/vie-et-uvre-de-georges-melies-o27277
- Méliès et les trucages : www.ac-nancy-metz.fr/cinemav/fx/fxm.htm
- Des articles sur Méliès et les effets spéciaux en tapant « méliès » dans le moteur de recherche du site : www.lunerouge.org

Les œuvres inspirées par **King Kong**

Le film *King Kong* reste d'une extraordinaire modernité. Il a donné lieu à une suite (*Le Fils de Kong*, de E. B. Schoedsack). On peut comparer la version de 1933 au ***remake*** de Peter Jackson (2005), deux fois plus long que l'original, au budget énorme et aux effets spéciaux spectaculaires.

LES IDÉES CLÉS DE VOTRE EXPOSÉ

▶ Le film *King Kong* a été réalisé par Ernest B. Shoedsack et Merian C. Cooper, spécialistes du documentaire, en 1933. Il a été tourné avec une économie de moyens dans le contexte de la **Grande Dépression** qui frappe les États-Unis depuis 1929.

▶ Le film raconte l'histoire de Kong, un **monstre antédiluvien**, gigantesque et puissant, adoré comme un dieu, puis **confronté à la modernité**.

▶ Il est réalisé avec des **effets spéciaux impressionnants** pour l'époque. Ceux-ci donnent une atmosphère particulière au film, tout en contrastes, entre l'univers clos et sauvage de l'île, et la ville, en apparence plus rassurante.

▶ Par un procédé de **mise en abyme**, le film évoque l'angoisse de l'Amérique face à la crise et à la montée du fascisme. Le monstre Kong symbolise cette angoisse.

▶ Kong, **la Bête**, tombe amoureux d'Ann, **la Belle**. Le film, fantastique et effrayant, est empreint d'onirisme et de poésie.

Ré
ex

Antigone situer l'œuvre

15

→ DÉPLIANT, V ET VI

Jean Anouilh écrit* Antigone *pendant l'occupation allemande. Dans ce contexte trouble, les artistes sont soumis à de rudes contraintes matérielles et idéologiques.

FICHE D'IDENTITÉ

Auteur : Jean Anouilh (1910-1987), écrivain français.
Titre et date : *Antigone* (1944), dans une mise en scène de Nicolas Briançon (2003).
Domaines artistiques : Arts du langage ; Arts du spectacle vivant.
Thématiques : Arts, créations, cultures ; Arts, mythes et religions ; Arts, État et pouvoir.

1 *Le contexte historique*

A La France et les Français dans la guerre

▶ Après un an de combat, l'offensive allemande (*blitzkrieg*) met fin à la « drôle de guerre » en 1940. L'armistice divise la France en deux zones. Pétain s'engage dans une politique de **collaboration** avec les nazis.

▶ Le 18 juin 1940, sur la BBC, **de Gaulle** appelle les Français à résister. Une minorité le rejoint à Londres. D'autres résistants s'organisent clandestinement à l'intérieur du pays. La Gestapo et la Milice les traquent. La création du STO favorise la naissance des maquis.

▶ En 1942, la « solution finale » est décidée par les nazis : les arrestations massives de Juifs se multiplient (**rafle** du Vel d'Hiv à Paris, 16 juillet). En 1943, toute la France est occupée. **Jean Moulin** unifie les résistants dans le CNR (Conseil national de la Résistance).

B Les artistes dans la tourmente

▶ Les professions intellectuelles et artistiques sont soumises à la **censure**, à une restriction des moyens et à la **répression**.

▶ En France, ces milieux se divisent. Certains, conservateurs, soutiennent le régime de Vichy et la politique collaborationniste. D'autres cessent d'exercer leur art ou émigrent aux États-Unis. D'autres encore s'engagent dans la **Résistance**, en prenant les armes ou en utilisant leur plume ou leur pinceau.

2 *L'auteur : Jean Anouilh (1910-1987)*

▶ Jean Anouilh est né à Bordeaux en 1910. Il mène des études de droit.

INFO Passionné de théâtre, Jean Anouilh décide de s'y consacrer après une représentation de *Siegfried* de Giraudoux en 1928.

▶ Sa première pièce, *Hermine* (1932), ne lui offre pas le succès ; mais il l'obtiendra en 1937 avec ***Le Voyageur sans bagages***.

▶ Pendant la guerre, **il ne prend pas parti officiellement**, ce qui lui sera reproché. Il écrit *Eurydice* et *Antigone*.

▶ À la Libération, il alterne **comédies et pièces grinçantes** : *L'Invitation au château* (1947), *L'Alouette* (1952), *Beckett ou l'honneur de Dieu* (1959). Il meurt en 1987 en Suisse.

3 *La genèse de l'œuvre*

▶ **Deux événements** frappent l'imagination de l'auteur. Le premier a lieu en août 1942 : Paul Colette tire sur les collaborateurs Pierre Laval et Marcel Déat. Il n'appartient à aucun groupe de résistance. Anouilh juge son **acte tragique**, par son caractère héroïque et vain. Le second se passe en février 1944 : les résistants du groupe Manouchian sont fusillés. Une affiche rouge visant à les présenter comme des criminels est placardée sur les murs. (→ FICHE 29)

▶ Nourri de culture classique, Anouilh songe à la **pièce de Sophocle** : « *L'Antigone* de Sophocle, lue et relue […], a été un choc soudain pour moi pendant la guerre, le jour des petites affiches rouges. Je l'ai réécrite à ma façon, avec la résonance de la tragédie que nous étions alors en train de vivre. »

POUR EN SAVOIR PLUS

• La tragédie naît en Grèce au Vᵉ siècle av. J.-C. Elle se caractérise par un conflit entre un personnage et son destin. Elle s'achève souvent par la mort du héros. Elle doit émouvoir le spectateur et le libérer (*catharsis*).

• *Antigone* est une pièce de Sophocle écrite au Vᵉ siècle av. J.-C., dont Anouilh s'est inspiré. Vous trouverez le texte antique sur : remacle.org/bloodwolf/tragediens/sophocle/Antigone.htm

Antigone caractériser l'œuvre

16

→ DÉPLIANT, V ET VI

***Antigone** est une pièce en un acte représentée pour la première fois au théâtre de l'Atelier à Paris le 4 février 1944, dans une mise en scène d'André Barsacq.*

1 Connaître le mythe, connaître l'histoire

A Le mythe d'Œdipe

▶ Œdipe est destiné à assassiner son père et épouser sa mère. Malgré les stratégies déployées par ses parents puis par lui-même pour déjouer la prédiction de l'oracle, il **accomplit son destin** : il tue Laïos et épouse Jocaste, avec qui il a quatre enfants.

▶ Quand **la vérité est dévoilée**, Jocaste se pend, Œdipe se crève les yeux et s'exile.

B L'histoire d'*Antigone* d'Anouilh

▶ Après l'exil d'Œdipe, Étéocle et Polynice, ses fils, s'entretuent. Leur oncle et roi Créon n'offre **pas de sépulture** à Polynice, considéré comme un traître. Son corps est livré aux charognards. Quiconque désobéira sera puni de mort.

▶ Antigone tente de le recouvrir de terre. Créon la condamne à être **enterrée vivante**. Apprenant que son fils, Hémon, s'est laissé enfermer avec elle, il fait rouvrir le tombeau : Antigone s'est pendue à sa ceinture. Hémon s'ouvre le ventre avec son épée. Eurydice, femme de Créon, se tranche la gorge.

C La réécriture de la tragédie antique

▶ Sophocle écrit *Antigone* en 441 av. J.-C. et *Œdipe roi* après 430 av. J.-C. Pour **Sophocle**, Créon est un tyran. Antigone, quant à elle, considère que les **lois des dieux** sont supérieures à celles des hommes ; en héroïne tragique, elle agit en s'y conformant.

▶ Chez **Anouilh**, l'héroïne ne se réfère plus à des interdits d'ordre religieux. **Elle agit en son nom.** Le tragique naît du sentiment de l'absurdité de la condition humaine.

2 Analyser un extrait

A Une mise en scène contemporaine aux tonalités antiques

> CONSEIL Prenez appui sur un extrait précis. Nous analysons ici le dialogue de Créon et Antigone, dans la mise en scène de N. Briançon (disponible en DVD dans la collection « Le meilleur du théâtre », SOPAT, 2004).

▶ **Le décor est sobre**, couleur de pierre, fontaine au milieu, à la manière d'un atrium romain.

▶ **Les costumes sont variés** : habits de femmes à l'antique, tenue nazie pour Créon, costume-cravate noir, chemise noire, lunettes noires pour les gardes. La pièce acquiert ainsi une portée universelle et intemporelle.

B La traduction des rapports de force

▶ Créon est le roi, oncle d'Antigone et père de son fiancé. Il exerce une triple autorité sur elle, mais a toutes les raisons de la sauver. Robert Hossein a quitté le costume nazi. Il est imposant, en costume noir, couleur de deuil.

▶ Antigone, jouée par Barbara Schultz, est frêle, vêtue d'une simple robe grise. Elle transpire et semble en situation de faiblesse. Pourtant, **c'est elle qui domine ce dialogue.**

▶ La mise en scène traduit ce rapport de force : ils sont éloignés, Créon est assis, Antigone debout. Elle est pleine de hargne, il est calme. Il lui tourne le dos jusqu'à ce qu'elle le provoque (« c'est laid, un homme qui a peur ») : il se tourne, crie. Elle finit par s'asseoir. **Les places sont inversées.**

C Deux conceptions de la vie

Nicolas Briançon choisit de montrer un Créon dur mais humain, avec ses failles, et une Antigone vive, pure, révoltée.

▶ Créon dit « oui », il accepte de sacrifier la justice à l'ordre par **raison d'État**. Il sait que la vie impose des choix.

▶ Antigone dit « non », c'est une **rebelle**. Elle incarne un idéal de justice, elle est prête à mourir pour ses idéaux.

REMARQUE On a pu voir dans Antigone une allégorie de la Résistance et dans Créon une incarnation de Pétain. On a reproché à Anouilh d'être trop complaisant envers ce personnage.

D'AUTRES ŒUVRES POUR COMPARER

Le personnage d'Antigone ne cesse d'inspirer les auteurs dramatiques et les metteurs en scène. Chez Cocteau (1922) ou Brecht (1948), elle demeure symbole de révolte contre l'ordre établi.

Antigone de Jean Cocteau (1889-1963)

▶ Jean Cocteau crée « une contraction » de la version de Sophocle, en 1922 au théâtre de l'Atelier : une pièce en un acte, qui reprend tous les personnages antiques et **garde la structure profonde** de l'œuvre originale. Charles Dullin y tient le rôle de Créon, Génica Athanasiou celui d'Antigone, Antonin Artaud celui de Tirésias, Jean Cocteau celui du chœur. Les décors sont de Picasso.

▶ Héroïne tragique, Antigone marche vers un **destin auquel elle ne cherche pas à échapper** : « Le temps où je dois plaire aux morts est plus considérable que celui où il me faut plaire aux vivants. »

▶ Le texte paraît en 1928 ; sa langue est simple, épurée. Cette pièce de Cocteau est la première d'une série inspirée de tragédies antiques, dont fait partie ***La Machine infernale*** (1932), inspirée d'*Œdipe roi* de Sophocle.

Le théâtre comme tribune : *Antigone* de Bertolt Brecht (1898-1956)

▶ Contrairement à Cocteau, Brecht ne cherche pas à reproduire l'œuvre de Sophocle. Selon lui, le théâtre doit **faire réfléchir le spectateur**, qui ne doit pas être happé par la fiction.

▶ Il multiplie les procédés pour éviter que le spectateur ne soit passif, emporté par l'illusion théâtrale : adresses au public, intermèdes chantés, références au contexte social. Les comédiens ne doivent pas interpréter leur rôle de manière psychologique. C'est la théorie de la « **distanciation** ».

▶ Brecht situe l'histoire en 1945. Antigone est un personnage emblématique de l'histoire contemporaine de l'Allemagne. Il fait un parallèle entre la chute de Thèbes et la **chute du IIIe Reich**. Les personnages ne sont plus des personnages mythologiques mais des types sociaux.

POUR EN SAVOIR PLUS

• Vous pouvez poursuivre votre réflexion sur l'actualité du mythe d'Antigone en étudiant d'autres mises en scène. Le metteur en scène Adel Hakim, par exemple, crée *Antigone* de Sophocle en 2011 au Théâtre national palestinien à Jérusalem-est, en langue arabe. La pièce est jouée au théâtre des Quartiers d'Ivry en 2012. Le mythe permet ici une réflexion sur l'injustice, sur la rébellion, dans le contexte du conflit israélo-palestinien.

• Consultez le site : blog.mondediplo.net/2012-03-08-Une-Antigone-palestinienne

LES IDÉES CLÉS DE VOTRE EXPOSÉ

▶ Jean Anouilh écrit *Antigone* en 1944, au plus fort de l'occupation allemande, dans un contexte difficile pour les artistes, soumis à la censure et aux restrictions matérielles. Il s'inspire de la **tragédie de Sophocle** écrite au Ve siècle avant J.-C.

▶ La pièce n'est pas censurée et obtient le succès. Antigone est vue comme un **symbole de la Résistance**. Pourtant, le public reprochera à Anouilh de ne pas avoir donné le mauvais rôle à Créon, en lequel il reconnaissait la figure du maréchal Pétain.

▶ Antigone, guidée malgré elle vers une destinée qui lui échappe, est un **personnage tragique**. Selon les versions de la pièce, les motifs de sa rébellion changent : les dieux, la fatalité, l'absurdité du monde…

▶ Pourtant, au-delà des époques, des bouleversements historiques et sociaux, Antigone demeure un **symbole de révolte** contre l'injustice et la tyrannie.

Réc
exp

Affiche Perrier situer l'œuvre

18

→ DÉPLIANT, VII

Après les années de restriction et de privation, les Trente Glorieuses voient naître la consommation de masse et l'expansion de la publicité.

FICHE D'IDENTITÉ

Auteur : Raymond Savignac (1907-2002), affichiste français.
Titre et date : Affiche Perrier (1949-1955).
Technique : peinture sur papier découpé.
Dimensions : 160 x 120 cm.
Domaine artistique : Arts du quotidien.
Thématiques : Arts, ruptures et continuités ; Arts, techniques et expressions.

1 Le contexte historique

A Au lendemain de la Seconde Guerre mondiale

▶ Le monde se relève d'un conflit qui a fait 50 millions de morts.

▶ Le sort de **l'Europe est entre les mains des États-Unis et de l'URSS**, grands vainqueurs de la guerre.

▶ **La France est dévastée**, l'économie paralysée.

B Les Trente Glorieuses

▶ Pourtant, entre 1945 et les années 1970, l'économie mondiale est en **phase de croissance**, notamment grâce au plan Marshall.

▶ La production d'énergie est développée. **L'industrie progresse** grâce au machinisme. Les exportations s'accroissent.

C La société de consommation

▶ La croissance favorise l'**élévation du niveau de vie**. C'est le début de la société de consommation.

▶ Le climat de confiance qui s'instaure favorise une **explosion démographique** appelée « baby-boom ». Les populations s'installent en grand nombre dans les villes.

▶ **Les inégalités subsistent** pourtant. La consommation de masse est inaccessible aux exclus des pays riches.

2 *L'auteur : Raymond Savignac (1907-2002)*

▶ Savignac est un affichiste français. Il arrête ses études à quinze ans et débute comme dessinateur-calqueur. Le soir, il suit des cours de dessin industriel. Il alterne petits emplois et chômage, jusqu'à sa collaboration avec **son maître, Cassandre.**

CITATION « **Je suis né à l'âge de quarante-et-un ans, des pis de la vache Monsavon.** » (**Raymond Savignac**)

▶ Entré à l'atelier de Villemot, il organise une exposition en 1949. L'affiche « Monsavon » lance sa carrière. Il réalise de nombreuses **affiches teintées d'humour et d'optimisme** : le zèbre de Cinzano (1951), la girafe d'Air France (1956)… En 1982, il se retire à Trouville où il poursuit son œuvre.

3 *Le genre : l'affiche de publicité*

▶ L'affiche devient un média très utilisé à partir du XIXe siècle. Le graphisme est **influencé par l'Art nouveau**, mouvement artistique qui s'appuie sur l'esthétique des lignes courbes en réaction aux dérives de l'industrialisation.

POUR EN SAVOIR PLUS

- D'autres affiches en tapant « Savignac » dans le moteur de recherche des Arts décoratifs : www.lesartsdecoratifs.fr/
- Des affiches de Mucha pour le théâtre de Sarah Bernhardt : lartnouveau.com/artistes/mucha/sarah_bernhardt.htm

▶ Au XXe siècle, les affichistes comme Carlu, Cassandre et Loupot **s'inspirent des avant-gardes** : le fauvisme (couleurs vives sur des représentations réalistes) ; le cubisme (formes géométriques pour représenter des volumes). Ils adoptent de nouvelles techniques (collages, lettres au pochoir…).

▶ Au début des années 1960, l'avènement du **procédé d'impression offset** permet une meilleure intégration de la photographie. Elle domine alors les visuels des campagnes publicitaires.

▶ De nos jours, l'affiche est conçue à l'aide de la **publication assistée par ordinateur** (PAO), qui associe textes et images.

Affiche Perrier caractériser l'œuvre

19

→ DÉPLIANT, VII

L'affiche est réalisée à la main par Savignac, qui manifeste de véritables talents de peintre.

1 Observer l'affiche

A Technique, proportions et formes

▶ Cette affiche de 160 × 120 cm représente un personnage qui tient une bouteille de Perrier. L'original utilise la technique du **papier peint et découpé.**

▶ Ce personnage n'est pas réaliste, il est **simplifié et stylisé.** Ses membres sont géométriques (triangles, rectangles, polygones). Le corps forme des angles aigus, tandis que la tête est arrondie.

B Les couleurs

▶ Le personnage est de couleur **rouge,** jusqu'au chapeau. Seuls ses cheveux sont noirs. Les aplats de couleur sont cernés de noir.

▶ Le fond est **bleu cyan.**

C Le personnage

▶ Le personnage est un homme représenté **en train de bondir.** Il porte un chapeau qu'il est sur le point de perdre.

▶ Il affiche un large sourire, semble s'agiter dans tous les sens, danser, frapper un pied contre l'autre. Il est représenté avec **trois bras et trois jambes** pour suggérer le mouvement.

▶ **Il tient une bouteille** du bout des doigts : celle-ci est dessinée de manière plus réaliste. Des bulles en jaillissent comme des paillettes alors qu'elle est fermée. Une autre main montre du doigt le logo de la marque, placé en bas à gauche.

D La composition

▶ Le personnage, imposant, occupe le centre de l'image. Sur la gauche, les deux bras orientent le regard vers la bouteille, dans l'angle supérieur gauche, et vers le **logo de la marque,** dans l'angle inférieur.

▶ Sous le logo, on lit le **slogan** : « L'eau minérale gazeuse naturelle ». En haut à droite se trouve la signature de l'affichiste.

2 Analyser l'affiche

A Quels sentiments l'affiche provoque-t-elle ?

▶ La joie de vivre affichée par le personnage s'observe au premier coup d'œil : il sourit, il est dynamique, « en pleine forme ». Son énergie est accentuée par la multiplication des **figures géométriques** qui donne l'impression qu'il **bouge sans arrêt**.

▶ Abandonnant le réalisme des détails, le motif a la fraîcheur naïve des dessins d'enfants. L'affiche traduit **l'innocence, l'insouciance, le bonheur**.

B Le message, reflet d'un art de vivre

▶ Les contrastes des couleurs contribuent à l'expression du **bien-être** : le rouge traduit l'émotion forte, la passion, l'excitation ; le cyan traduit au contraire le calme, la tranquillité. Le message est clair : le buveur de Perrier se sent bien et aborde le monde avec sérénité et vitalité.

▶ Le **bonheur** affiché par le personnage, qui rit, danse, saute, est celui que ressentira le consommateur. La décomposition du mouvement suggère que l'effet est permanent.

▶ L'attitude du personnage, les bulles qui ressemblent à des confettis, le chapeau qui s'envole (seul symbole du poids de la société), évoquent **un état de fête et de joie**.

C Quels sont les moyens utilisés pour renforcer le slogan ?

▶ « Perrier, l'eau minérale gazeuse naturelle » : la marque insiste sur l'idée que l'eau provient d'une source naturellement pétillante. Le slogan persuade que cette eau apporte un **bien-être physique et psychologique**.

▶ L'affiche utilise des **symboles forts** pour définir cette eau :
– le rouge, couleur de feu, et le cyan, couleur de l'eau (ces deux couleurs sont complémentaires) : cette boisson contient la neutralité de l'eau et le pétillant des bulles ;
– les figures géométriques « pointues » des membres, qui contrastent avec l'arrondi du visage : l'eau de Perrier est à la fois ronde et piquante, douce et pétillante.

Affiche Perrier

D'AUTRES ŒUVRES POUR COMPARER

L'influence des avant-gardes

▶ La décomposition du mouvement est un procédé utilisé par les **futuristes** italiens (Giacomo Balla, *Dynamisme d'un chien en laisse*).

▶ **Marcel Duchamp** (1887-1968) utilise cette technique dans *Nu descendant un escalier* (1912). Le sujet se déplace et le peintre traduit son mouvement, s'inspirant du cinéma et de la chronophotographie.

POUR EN SAVOIR PLUS

Une explication en images du *Nu descendant un escalier* : ww2.ac-poitiers.fr/ia16-pedagogie/IMG/pdf/Duchamp_Nu_descendant_escalier.pdf

La technique du papier découpé

▶ **Matisse** (1869-1954) fait partie du groupe d'artistes « les fauves » qui utilisaient des couleurs vives dans leurs peintures. Il invente la technique du papier découpé : il peint de grands papiers à la gouache, crée des formes au ciseau sans dessin préalable.

▶ Il épure les figures, **à la limite de l'abstraction**, les réduit à l'essentiel.

POUR EN SAVOIR PLUS

• En savoir plus sur Henri Matisse, le fauvisme, la technique du papier découpé : mediation.centrepompidou.fr/education/ressources/ENS-matisse/ENS-matisse.htm

• *La Danse* est un célèbre tableau de Matisse, qui rappelle l'affiche de Savignac, par les couleurs et le sentiment de bien-être qui s'en dégage : www.clioetcalliope.com/oeuvres/peinture/matisse/danse.htm

Un personnage à la Tati (1907-1982)

Le personnage, par sa joie de vivre et son petit chapeau, fait penser aux personnages de Jacques Tati. Si **Monsieur Hulot** n'existe pas encore (*Les Vacances de monsieur Hulot* sort en 1953), le public connaît *Jour de fête* (1949). Les personnages de Tati sont un manifeste de la joie de vivre, dans un monde qui s'automatise et s'industrialise.

POUR EN SAVOIR PLUS

- Vous pouvez découvrir l'œuvre de Jacques Tati sur le site : www.tativille.com/
- Pour en savoir plus sur le monde de la publicité dans les années 1950, vous pouvez regarder la série américaine *Mad men*, créée par Matthew Weiner en 2007.
- D'autres affiches de Perrier, aux influences artistiques diverses.

– Inspirées de Salvador Dali : iconomaque.blogspot.fr/2009/04/perrier-et-dali-retour-aux-sources.html
– Utilisant le pop'art de Roy Lichtenstein : www.design-party.com/2012/05/perrier-fines-bulles-pop-art/

LES IDÉES CLÉS DE VOTRE EXPOSÉ

▶ Cette affiche est réalisée pour la marque d'eau minérale gazeuse Perrier par l'affichiste Raymond Savignac (1907-2002), pendant les « **Trente Glorieuses** ».

▶ Les **avants-gardes artistiques** sont une source d'inspiration pour les publicitaires, à l'époque de la société de consommation.

▶ Savignac crée un personnage stylisé qui rend l'affiche expressive. **Symboles, formes et couleurs** définissent les qualités de l'eau : douceur et pétillant, rondeur et piquant. La joie de vivre et le dynamisme du personnage reflètent un art de vivre très positif.

Affiche antibolchevique situer l'œuvre

21

→ DÉPLIANT, VIII

En France, les premières élections législatives après la Grande Guerre se déroulent dans un contexte politique et social bouleversé.

FICHE D'IDENTITÉ

Auteur : Adrien Baneux, dit Barrère (1874-1931), peintre et caricaturiste français.
Titre et date : « Comment voter contre le bolchevisme ? » (1919).
Technique : lithographie.
Domaines artistiques : Arts du quotidien ; Arts visuels.
Thématiques : Arts, État et pouvoir ; Arts, techniques et expressions.

1 *Le contexte historique*

A L'Europe durement touchée par la Grande Guerre

▶ L'Europe paie un lourd tribut à la Grande Guerre : 9 millions de morts, 7 millions d'invalides, des millions de veuves et d'orphelins. Les conditions humiliantes des traités de paix créent beaucoup de rancœurs. **La paix est très fragile**.

▶ La France est sévèrement atteinte : 1 697 800 morts, auxquels s'ajoutent les victimes de la grippe espagnole de 1918. Les **survivants** rentrent chez eux **traumatisés**.

▶ Le Nord-Ouest est en **ruines** : champs, usines, mines et infrastructures sont détruits. La main-d'œuvre manque.

B Les répercussions de la révolution bolchevique

▶ En 1917, les révolutions de février et d'octobre ont renversé le tsarisme en Russie et mis les **bolcheviks au pouvoir**. En juillet 1918, le tsar et sa famille sont assassinés.

▶ Le **rêve d'une révolution mondiale** touche les milieux ouvriers et intellectuels d'Allemagne et de Hongrie, où se déclenchent sans succès des insurrections.

C Bolchevisme et patriotisme aux élections de 1919

▶ Le Bloc national, **à droite**, est réuni autour de Georges Clemenceau. **À gauche**, les idées bolcheviques se répandent dès 1917 parmi les ouvriers, qui multiplient les grèves.

▶ **Le bolchevisme suscite la peur** en Europe occidentale. C'est pour cette raison que le patronat des villes de Sceaux et de Saint-Denis commande une affiche antibolchevique à Adrien Barrère.

▶ Lors des élections des 16 et 30 novembre 1919, la majorité bascule à droite. La nouvelle Assemblée, composée de très nombreux anciens combattants, est appelée « **chambre bleu horizon** », comme la couleur de leur uniforme.

2 *L'auteur : Adrien Baneux, dit Barrère (1874-1931)*

▶ Adrien Barrère est un affichiste, peintre et caricaturiste de la Belle Époque. Après des études de droit et de médecine, il se tourne vers l'illustration et la caricature. Il est avant tout célèbre pour ses **affiches de cinémas parisiens.** Il en crée plus de deux cents pour les studios Pathé.

▶ Barrère est également spécialiste des affiches du théâtre d'épouvante, le **Grand-Guignol.**

> INFO Le Grand-Guignol est un genre théâtral apparu à la fin du XIXe siècle et fondé sur l'horreur, les effets macabres et sanguinolents, mêlés d'un brin d'érotisme.

▶ Il est décrit à l'époque comme un créateur « à la verve et à l'imagination débridées », même si ses dessins sont plus complaisants que ceux de Daumier ou Toulouse-Lautrec.

3 *Le genre : la caricature*

▶ La caricature est **l'art de la satire** dans les arts visuels (peinture, sculpture, graphisme…). Elle utilise la déformation physique pour illustrer une idée dans le domaine politique ou social.

▶ Elle existe en Europe depuis la Renaissance. En France, cet art se développe au XIXe siècle avec Gustave **Doré**, Alfred **Grévin** et surtout Honoré **Daumier**, qui compose une véritable chronique de son époque. Les caricaturistes se déchaînent au gré des événements politiques.

Affiche antibolchevique caractériser l'œuvre

22

→ DÉPLIANT, VIII

Cette affiche célèbre reprend la couverture d'une brochure éditée à la veille des élections, « en vente dans toutes les librairies » pour 50 centimes. Si le Parti communiste n'existe pas encore en France, c'est sur cette affiche que vont se concentrer les idées antibolcheviques.

1 *Observer l'affiche*

A Le personnage

▶ Le cadrage particulier ne présente que la tête du personnage, en **gros plan**.

▶ Il est hirsute ; il a les cheveux noirs en bataille, des sourcils épais et froncés ; il est mal rasé. Ses traits sont grossiers, forcés et déformés, ses yeux exorbités, ses dents apparentes. C'est une **caricature**.

▶ Il tient entre ses dents un **long couteau**, dégoulinant de sang.

▶ La tête est colorée en **rouge écarlate et noir** exclusivement.

B Le slogan

▶ Le slogan est rédigé à la main, dans une **écriture tremblée**, sous forme de question, comme un titre de leçon : « Comment voter contre le bolchevisme ? » Il associe directement le contexte des élections au mot « bolchevisme ».

▶ Le slogan occupe presque la moitié de l'affiche. Le mot « bolchevisme » est écrit plus gros encore. Il est ainsi mis en valeur par l'énorme place qu'il occupe. **Le sang s'y écoule**, jusqu'au mot « bolchevisme ».

C La signature

L'affiche est commanditée par le « Groupement économique des arrondissements de Sceaux et Saint-Denis », c'est-à-dire les entrepreneurs des usines de la « banlieue rouge » de Paris. Ces patrons, quotidiennement confrontés aux ouvriers, aux « classes laborieuses », se sentent menacés par les grèves et les manifestations ; ils craignent la « **contagion révolutionnaire** ».

2 Analyser l'affiche

A Quel est le public visé ?

L'affiche vise les électeurs, en particulier les **électeurs conservateurs**, comme les patrons, face à la classe ouvrière potentiellement dangereuse dans le contexte de grèves croissantes et de révolution bolchevique.

B Quels sentiments l'affiche provoque-t-elle ?

- Cette affiche provoque **la peur**, la méfiance de l'étranger (on sait que Lénine et les bolcheviks veulent étendre la révolution), et réveille le traumatisme de la guerre.
- La **bestialité** de cet être paraît d'autant plus dangereuse qu'il a malgré tout figure humaine.
- L'affiche cherche donc à susciter une **réaction contre le bolchevisme**, en votant massivement pour les partis conservateurs.

C Le slogan

Le slogan semble **écrit à la main** par quelqu'un qui a peur. On reconnaît dans son auteur l'illustrateur du théâtre d'épouvante.

D Quels sont les moyens utilisés pour renforcer le slogan ?

- La couleur unique, le rouge, couleur de la révolution, permet l'identification immédiate dans l'esprit des Français : rouge = bolchevisme. Ce rouge sang, associé au couteau, provoque également l'association d'esprit : **rouge = bolchevisme = violence**.
- Le bolchevik caricaturé semble un fou furieux, à l'aspect sauvage, très effrayant. Ses dents apparentes expriment la cruauté. On doit se représenter le bolchevik comme un **danger**, et se souvenir qu'il a assassiné le tsar et sa famille. Le couteau entre les dents se réfère à cet assassinat.
- On doit aussi se représenter le bolchevik comme un **étranger**. La population d'après-guerre garde à l'esprit la réputation sanguinaire des soldats russes.
- Le sang rappelle à la population traumatisée le **souvenir de la guerre**.

Affiche antibolchevique

D'AUTRES ŒUVRES POUR COMPARER

L'art de la caricature pendant la Grande Guerre

▶ Les caricaturistes mettent leur art au service du **patriotisme**, de la haine du « Boche » et de l'empereur Guillaume II, tantôt représentés de manière grotesque, tantôt de manière effrayante, comme des bêtes sanguinaires.

▶ De nombreuses **cartes postales** témoignent de ces caricatures. Mais elles n'ont pas toujours été bien perçues : en France, les cartes postales satiriques ont été soumises à la censure.

La postérité de cette affiche

▶ Souvent **détournée**, cette affiche a nourri l'antibolchevisme et l'anticommunisme pendant l'entre-deux-guerres.

▶ L'image représentant **Staline** un couteau entre les dents (1934) est le détournement le plus connu. Le slogan s'approche de l'original par l'emploi du verbe « voter », de la couleur rouge (qui figure la menace communiste) omniprésente, et du cadrage (visage du personnage placé au centre de l'image). Staline est présenté comme le diable qui règne sur ses « valets », avec ses oreilles pointues et ses yeux plissés.

▶ L'affiche a également été détournée par le Parti communiste lui-même : « Contre ça, votez communiste », de Raoul Cabrol, représente **Hitler** de manière grotesque, tenant un couteau entre ses dents, les oreilles rouges, une mèche trop longue, une moustache en forme d'aigle. Cette affiche est une parodie de l'originale, où le mot « communiste » est l'alternative à « ça » (Hitler).

▶ Aujourd'hui encore, la figure de l'homme au couteau entre les dents est reprise dans les campagnes électorales. Par exemple, des images ont circulé sur Internet, pendant la campagne présidentielle de 2012, pour désigner Jean-Luc Mélenchon sur le **mode parodique** : « L'homme au stylo entre les dents ».

POUR EN SAVOIR PLUS

Pour élargir votre réflexion, consultez les détournements de cette affiche en tapant les mots clés « antibolchevisme » et « Cabrol » sur le site : www.histoire-image.org

LES IDÉES CLÉS DE VOTRE EXPOSÉ

- Cette affiche, commande d'un groupe d'industriels de banlieue parisienne, est réalisée par Adrien Barrère en 1919, dans un **contexte d'élections.**
- Tout y est représenté pour effrayer le citoyen, conformément aux codes des affiches de théâtre Grand-Guignol : la folie du visage, le couteau qui dégouline de sang, la couleur rouge sang. C'est une **caricature.**
- Cette affiche de **propagande** a pour but de convaincre les électeurs de voter contre le bolchevisme, assimilé à la violence, et pour les partis conservateurs.
- Le personnage au couteau entre les dents, repris régulièrement depuis, est devenu un **personnage mythique**.

Ré ex

Guernica situer l'œuvre

24

→ DÉPLIANT, IX ET X

***Guernica* est une des œuvres les plus célèbres du peintre Picasso. Il réalise ce tableau en pleine guerre d'Espagne, alors qu'il réside à Paris.**

FICHE D'IDENTITÉ

Auteur : Pablo Picasso (1881-1973), peintre espagnol.
Titre et date : *Guernica* (1937).
Technique : huile sur toile – **Dimensions** : 3,51 m × 7,52 m.
Domaine artistique : Arts visuels.
Thématiques : Arts, État et pouvoir ; Arts, ruptures et continuités.

1 Le contexte historique

A La guerre civile espagnole

▶ En Espagne, entre 1936 et 1939, une **guerre civile** oppose le camp nationaliste au gouvernement républicain légal.

▶ Le 18 juillet 1936, le soulèvement des **nationalistes**, mené par le général Franco, marque le début du conflit. L'URSS, le Mexique et la France aident les **républicains** et les volontaires des Brigades internationales.

▶ Le 28 mars 1939, Madrid tombe aux mains des franquistes. **Franco prend le pouvoir**, aidé de l'Italie et de l'Allemagne. Des milliers de réfugiés fuient vers la France. De terribles représailles sont exercées contre les vaincus. La **dictature** durera jusqu'en 1975, à la mort de Franco.

B Le bombardement de Guernica

▶ Le 26 avril 1937, la légion nazie Condor, soutenant le camp franquiste, mène un raid aérien sur Guernica, ville emblématique du Pays basque. Le bombardement fait **1 654 morts** et **889 blessés**.

INFO Les nazis, à la veille de la Seconde Guerre mondiale, testent leur matériel et leur technique militaires (bombardement « en piqué »).

▶ L'attaque dure à peine deux heures un jour de marché. Les avions bombardiers Stuka larguent un tapis de bombes explosives, poursuivent à la mitrailleuse, achèvent par 50 tonnes de bombes incendiaires, laissant 70 % de la ville en flammes. La plupart des victimes sont **des femmes, des enfants et des vieillards.** Ce massacre suscite l'indignation internationale.

2 *L'auteur : Pablo Picasso (1881-1973)*

▶ Pablo Picasso, **peintre, dessinateur et sculpteur** espagnol, a fait ses études aux Beaux-Arts de Barcelone et s'installe à Paris en 1904.

INFO **Les premières œuvres de Picasso correspondent à sa « période bleue », empreinte de mélancolie. Sa « période rose » est plus paisible.**

▶ ***Les Demoiselles d'Avignon*** (1907) marquent les débuts du cubisme qu'il fonde avec Georges Braque. Il simplifie les traits, schématise les volumes, les fragmente, les peint sous différents points de vue. Il introduit des tissus, des papiers collés dans ses toiles.

▶ En 1925, avec *La Danse*, débute une période **proche du surréalisme**, dite « des métamorphoses » (*Femme assise*, 1927).

▶ Il s'installe dans le Midi en 1948 et touche à tous les genres, poterie, céramique, sculpture (*La Chèvre*, 1950). Il fait preuve, jusqu'à sa mort en 1973, d'une **fécondité qui marque tout l'art du XXe siècle.**

3 *La genèse de Guernica*

▶ En 1937, une **exposition internationale** se tient à Paris. Picasso reçoit une commande du gouvernement républicain espagnol pour son pavillon : aucun thème n'est imposé, mais l'œuvre doit être forte et monumentale. Alors qu'il est en quête d'un sujet, il apprend la nouvelle du bombardement de Guernica.

▶ Après avoir vu trois photos du massacre à la une du journal *Le Soir*, Picasso commence à peindre une soixantaine de croquis, qui composeront l'**immense peinture.** Elle sera installée dans le pavillon officiel, un mois après son ouverture.

▶ Picasso en fera **don au peuple espagnol**, à condition qu'elle ne retourne en Espagne qu'une fois la démocratie revenue.

Guernica
caractériser l'œuvre

25

→ DÉPLIANT, IX ET X

Guernica *correspond à l'esthétique cubiste et constitue un véritable manifeste contre les horreurs de la guerre.*

1 *Observer l'œuvre*

A Technique, proportions et formes

▶ *Guernica* est une huile sur toile **monumentale** : 7,52 m de long sur 3,51 m de hauteur.

▶ Le tableau présente un ensemble **chaotique** de formes, nombreuses et géométriques. Les personnages ne sont pas réalistes, leurs corps sont géométrisés, fragmentés.

B Les couleurs et la lumière

▶ Si la plupart des croquis préparatoires sont en couleur, le tableau est en **noir, gris et blanc**. On y distingue des caractères d'imprimerie de journal.

▶ À l'origine, le peintre avait prévu de glisser sous l'œil des personnages une larme rouge découpée dans du carton. Il la trouve finalement inutile.

▶ La lumière provient d'une grosse ampoule électrique et de la bougie que tient un personnage. Ces **deux lumières artificielles** encadrent la tête du cheval.

C La composition et les personnages

▶ On voit au premier plan un homme démembré, décapité. À gauche, une femme tenant un enfant. Au-dessus, un taureau. Au centre, un cheval blessé. Tout à droite, un homme, les bras levés vers le ciel. Une ampoule électrique sur la partie supérieure.

▶ Les personnages ont tous la **bouche ouverte**, regardent le ciel. L'homme au premier plan a le corps morcelé, il tient une épée. La mère tient un enfant mort dans ses bras. Le taureau observe la scène. Le cheval blessé semble hurler. Une colombe s'efface dans l'obscurité. Des femmes regardent la scène, effarées. Le personnage à droite lève les bras au ciel.

2 Analyser l'œuvre

A L'esthétique cubiste

▶ *Guernica* appartient à l'esthétique cubiste, que le peintre a adoptée à 26 ans, en 1906. Le tableau est marqué par l'**influence des arts grecs et africains**, et par l'œuvre de Paul Cézanne.

▶ Picasso montre toutes les facettes de l'objet à plat, **comme s'il dépliait un cube**.

B Le mal représenté de manière symbolique

▶ On ne voit ni bombes ni avions mais une impression dominante de **chaos**, traduisant une vision infernale de la guerre. Les personnages regardent vers le haut, d'où est venu ce mal invisible.

▶ Les figures symboliques se détachent d'autant plus du désordre apparent :
– le taureau représente la **force brute** dans la mythologie espagnole. Picasso utilise souvent cette figure, issue de la tauromachie ;
– le cheval blessé représente le peuple espagnol **innocent** mis à mort. Une lance transperce son flanc comme celui du Christ sur la croix. Sa langue est pointue comme un couteau ;
– la colombe montre la **paix impossible** entre les républicains et les nationalistes ;
– les femmes, à droite, semblent un chœur de tragédie.

C L'expression de la souffrance

▶ Tous les êtres du tableau souffrent sous le soleil artificiel :
– le personnage démembré au premier plan illustre **l'horreur et la barbarie** de la guerre ;
– l'enfant mort dans les bras de sa mère rappelle une **Pietà** (la Vierge pleurant son fils mort). Ses yeux sont en forme de larmes, sa langue en forme de couteau. Il représente une douleur universelle ;
– le personnage aux bras levés, impuissant, désarmé, édenté, tombe dans les flammes. On est saisi par l'impression de tristesse qui se dégage du tableau.

▶ Le traitement en **noir et blanc** fait écho au thème sombre et tragique du tableau. Il rappelle le style de la presse, principale source d'information de Picasso, qui vit en France.

D'AUTRES ŒUVRES POUR COMPARER

L'hommage au peintre Goya

▶ *Tres de mayo* est un tableau de Goya peint en 1814. Il commémore l'exécution de 400 prisonniers espagnols le 3 mai 1808 par les soldats de Napoléon. Leur insurrection à Madrid marque le début du combat du peuple espagnol pour la libération de l'Espagne.

▶ Le personnage aux bras levés dans *Guernica* est une référence au personnage central de ce tableau : tous deux sont des figures de martyrs. Cependant, par son aspect symbolique, *Guernica* s'éloigne du sujet historique pour atteindre l'**allégorie** : on peut difficilement identifier les individus et les circonstances de l'action, contrairement au tableau de Goya. Il traduit l'horreur de toutes les guerres.

La mobilisation des artistes aux côtés des républicains

▶ De nombreux artistes, dans les années 1930, se mobilisent **contre le fascisme** qui sévit en Europe. Certains s'engagent dans les Brigades internationales, comme le peintre André Masson, qui dessine leur fanion.

▶ En 1937, l'Exposition internationale de Paris rassemble des œuvres de ces artistes au **pavillon de l'Espagne**, dont *Guernica* de Picasso et le *Paysan catalan en révolte* de Juan Miró.

Guernica dans les arts

Le bombardement de Guernica a inspiré de nombreux artistes contemporains ou non de l'événement : *Guernica* est le nom d'une des plus violentes sculptures de **René Iché** (1937), d'une des premières musiques électroacoustiques de **Patrick Ascione** (1978), et d'un poème de **Paul Éluard** (« La victoire de Guernica », 1938).

Ernest Hemingway, Pour qui sonne le glas *(1940)*

Ernest Hemingway (1899-1961), écrivain, journaliste et correspondant de guerre américain, couvre la guerre d'Espagne aux côtés des républicains. Dans *Pour qui sonne le glas* (1940), le héros Robert Jordan, un jeune professeur américain engagé dans les **Brigades internationales**, est envoyé en Castille pour faire sauter un pont.

Robert Capa, « Guerre d'Espagne, camp républicain, 5 septembre 1936 »

▶ Robert Capa (1913-1954), reporter, photographie la guerre d'Espagne, avec sa compagne Gerda Taro. Il publie, le 23 septembre 1936 dans le magazine *Vu*, sans légende, une photographie d'un **républicain fauché par une balle**.

▶ Cette image, symbole de la lutte contre le fascisme et du courage du reporter de guerre, est devenue **mythique**.

Pour en savoir plus

Un dossier sur les photographies de Robert Capa : expositions.bnf.fr/capa

LES IDÉES CLÉS DE VOTRE EXPOSÉ

▶ *Guernica* est un **tableau monumental** réalisé par Pablo Picasso à la suite d'un bombardement nazi sur un village du Pays basque, pendant la guerre civile espagnole, le 26 avril 1937.

▶ La composition du tableau, ensemble chaotique de formes symboliques, correspond à **l'esthétique cubiste**. Plus qu'une peinture historique, ce tableau est une **allégorie**, illustrant, au-delà du drame de Guernica, l'horreur de toutes les guerres.

▶ Cette œuvre bouleverse par la douleur et la violence qui s'en dégagent. Elle frappe la mémoire collective par les figures symboliques qu'elle contient (Pietà, taureau, colombe…) et le rappel d'autres œuvres mythiques (*Tres de mayo* de Goya) dénonçant les **horreurs de la guerre**.

Le Chant des partisans situer l'œuvre

27

→ DÉPLIANT, XI

Écrit en 1943 par Joseph Kessel et Maurice Druon à Londres, où ils avaient rejoint les Forces françaises libres (FFL), Le Chant des partisans est le symbole de la Résistance.

FICHE D'IDENTITÉ

Auteurs : paroles de Joseph Kessel (1898-1979) et Maurice Druon (1918-2009) ; musique d'Anna Marly (1917-2006).
Titre et date : *Le Chant des partisans* ou *Le Chant de la libération* (1943).
Domaines artistiques : Arts du son ; Arts du langage.
Thématique : Arts, État et pouvoir.

1 Le contexte historique

A La France dans la guerre

▶ Après un an de combat, l'offensive allemande (*blitzkrieg*) met fin à la « drôle de guerre » en 1940. L'armistice du 17 juin divise la France en deux, la zone « occupée » et la zone « libre ». Pétain s'engage dans une politique de **collaboration** avec les nazis.

▶ En 1942, la « solution finale » est décidée par les nazis : les arrestations massives de Juifs se multiplient (**rafle** du Vel d'Hiv à Paris, 16 juillet). En 1943, toute la France est occupée.

B La Résistance

▶ Le 18 juin 1940, sur la BBC, **de Gaulle** appelle les Français à résister. Une minorité le rejoint à Londres. D'autres s'organisent clandestinement à l'intérieur du pays. La Gestapo et la Milice les traquent. Ils sont emprisonnés, torturés, fusillés ou déportés.

▶ En 1942, la création du STO favorise la naissance des **maquis**. La plupart des Français ne prennent pas parti et continuent de vivre tant bien que mal.

▶ En 1943, **Jean Moulin** crée le Comité national de la résistance (CNR) pour encadrer partisans et maquisards.

2 Les auteurs

A Joseph Kessel (1898-1979) et Maurice Druon (1918-2009)

INFO Après la guerre, Joseph Kessel connaît le succès avec *Le Lion* (1958).

▶ Journaliste, Joseph Kessel couvre la guerre d'Espagne et la « drôle de guerre ». En janvier 1943, **il rejoint Londres** et s'engage dans les Forces aériennes françaises libres.

▶ Écrivain, Maurice Druon rejoint également Londres avec son oncle Joseph Kessel. Il participe à l'émission « Honneur et Patrie » de la BBC. Après la guerre, il mène une carrière d'homme politique et d'écrivain à succès (*Les Rois maudits, Tistou les pouces verts*…).

B Anna Marly (1917-2006)

Chanteuse et guitariste française d'origine russe, elle rejoint Londres en 1941 et devient cantinière au QG des FFL. Elle compose en 1942 la musique du *Chant des partisans* et les paroles en russe.

3 *La diffusion du* Chant des partisans

A La radio, outil de propagande et de résistance

▶ Deux radios sont autorisées en France : **France-Vichy**, en zone Sud, et **Radio Paris**, en zone Nord.

▶ Sur la BBC, **Radio-Londres** diffuse sketches, messages personnels, chansons dans l'émission « Les Français parlent aux Français », tous les jours à 20 h 30, annoncée par la Ve symphonie de Beethoven. Elle est interdite en France.

▶ Exceptionnellement, de Gaulle s'exprime dans l'émission « **Honneur et Patrie** » de Maurice Schuman avec *Le Chant des partisans* comme indicatif.

B L'incroyable destin du *Chant des partisans*

▶ *Le Chant des partisans* se répand auprès des Forces françaises de l'intérieur (FFI). La Royal Air Force largue les paroles sur la France occupée. On l'entend sur Radio-Londres et il se transmet par le bouche-à-oreille.

▶ Le chant devient « **la Marseillaise des résistants** », qui le sifflent dans les maquis comme signe de reconnaissance.

Le Chant des partisans caractériser l'œuvre

28

→ DÉPLIANT XI

***La version de Germaine Sablon est la plus connue : sa voix y exprime la détermination et la colère. Yves Montand l'interprète sous le titre* Le Chant de la libération.**

1 *Écouter la chanson*

A La mélodie

▶ La même mélodie se déroule sur quatre couplets, sans refrain. Elle est précédée d'une introduction, avec un ordre crié en allemand et un bruit de bottes, un sifflement, provoquant l'**inquiétude**.

▶ Le premier couplet est parlé : la voix d'Yves Montand, douce, **grave**, insiste sur les mots « alarme », « sang », « larmes ». Elle contraste avec la violence des cris de l'introduction.

▶ L'accordéon apparaît, effaçant le bruit de bottes. On entend ensuite un sifflement, première manifestation de l'**appel**.

▶ La voix de baryton du chanteur poursuit la chanson, alliant **douceur et fermeté**. Elle est appuyée d'un chœur dans la dernière strophe.

B Le rythme et la tonalité

▶ Le rythme est **régulier** et binaire. C'est un rythme de marche très simple et répétitif.

▶ Le thème musical, ascendant, en forme de cloche, donne une tonalité à la fois **lyrique et combative** au chant, appuyant les effets de rimes et de rythme.

2 *Observer les paroles de la chanson*

A Un texte simple

▶ *Le Chant des partisans* est **facilement mémorisable** grâce à sa simplicité, avec ses quatre strophes et l'absence de refrain.

▶ Les vers sont très courts, les effets de rimes réguliers, pour la plupart suivies (aa/b/cc/b). La structure est fondée sur l'**anaphore** (la répétition) : « Ami entends-tu », « Ohé ».

B Les nombreuses références au contexte historique

▶ « Le vol noir » : les avions « stukas », le noir de l'uniforme SS, le symbole de deuil. « Les corbeaux », oiseaux charognards : les nazis qui pillent le pays. Les « cris sourds » : les prisonniers torturés, la répression contre les résistants.

▶ Le « pays qu'on enchaîne » : la France occupée.

▶ « Le sang, les larmes » (arrestations, torture, rafles), « la faim qui nous pousse, la misère » (privations, restrictions) : les raisons de résister.

3 *Analyser la chanson*

A Un appel au rassemblement de tous

▶ Le texte s'adresse à tous, sans restriction politique, religieuse ou sociale. Les interjections « Ami », « Ohé », le tutoiement interpellent l'auditeur, renforcés par les points d'interrogation et d'exclamation.

▶ Le chant s'adresse particulièrement aux « partisans » (combattants volontaires) ; aux « ouvriers » (usines réquisitionnées par les Allemands) ; aux « paysans » (cultures réquisitionnées) ; aux « tueurs à la balle et au couteau » (maquisards).

▶ Le présent de l'indicatif, mode du réel, et l'impératif exhortent à agir.

B Le résistant, ce héros

▶ Le résistant oublie ses désirs et ses intérêts pour se consacrer à sa cause : « Ici, nous vois-tu/Nous on marche et nous on tue/nous on crève… » Il lutte pour une vie meilleure : « Il y a des pays/Où les gens au creux du lit/font des rêves. »

▶ Il affronte la mort au nom de la liberté. Le champ lexical de la mort est très présent (« sang », « tueurs », « tuez », « on crève », « on tue », « si tu tombes », « sang noir »).

C Quand résister veut dire espérer

▶ Le résistant est déterminé : « chacun sait ce qu'il veut, ce qu'il fait… »

▶ Il n'est jamais seul : « ami » répété, « si tu tombes/un ami sort de l'ombre/à ta place ».

▶ Le futur simple présente la victoire (le « grand soleil ») comme certaine : « demain, du sang noir séchera ».

Le Chant des partisans

D'AUTRES ŒUVRES POUR COMPARER

Les chants de la Résistance française

▶ Pour prolonger l'étude du *Chant des partisans*, vous pouvez étudier une **version moderne** comme celle de Zebda (2001) dans l'album « Motivés » : questionnez alors la résonance du chant de 1943 dans le contexte des années 2000. Ce chant est devenu, plus qu'un hymne de la Résistance, un hymne universel et intemporel de lutte pour la liberté.

▶ Une autre chanson, mise en musique par Anna Marly, moins célèbre : *La Complainte du partisan*, écrite par le résistant Emmanuel d'Astier de la Vigerie en 1943. Elle est reprise sous le titre ***The Partisan*** par Leonard Cohen en 1969, et chantée par Joan Baez en 1972.

▶ ***L'Affiche rouge*** de Léo Ferré (1961), d'après le poème « Strophes pour se souvenir » de Louis Aragon, évoque l'exécution des résistants du groupe Manouchian en 1944 et l'affiche rouge placardée par les nazis à cette occasion.

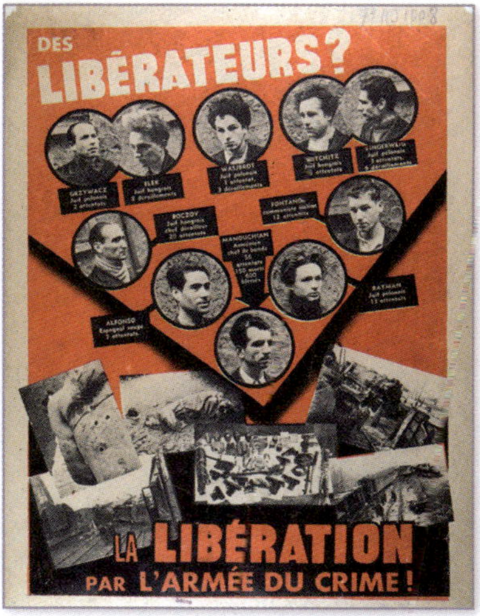

Des chansons évoquant le contexte de la Seconde Guerre mondiale

▶ *Le Chant des marais* ou *Chant des déportés*, écrit en 1933 par des prisonniers allemands.

▶ *Bella Ciao*, chant des partisans antifascistes italiens.

▶ *Nuit et Brouillard*, de Jean Ferrat, dans l'album intitulé « Homonyme » en 1963.

POUR EN SAVOIR PLUS

- Retrouvez ces chansons et quelques autres sur un blog d'histoire-géo : lewebpedagogique.com/grunen/les-memoires-de-la-seconde-guerre-mondiale-en-chansons
- Vous trouverez des documents sur le *Chant des marais* à cette adresse : www.resistance-deportation18.fr/?article189
- Vous trouverez de nombreux aspects du programme d'histoire en chansons sur le site : lhistgeobox.blogspot.fr

LES IDÉES CLÉS DE VOTRE EXPOSÉ

▶ *Le Chant de la libération* ou *Chant des partisans* a été écrit à **Londres** en 1943 par Joseph Kessel et Maurice Druon, et mis en musique par Anna Marly.

▶ Ce chant est un véritable **hymne des résistants**, qui appelle à l'action collective tout en exprimant l'espoir. Il glorifie la Résistance au moment où elle s'intensifie et s'organise.

▶ Repris de très nombreuses fois dans différents contextes politiques, le chant a une **portée intemporelle**. Il exprime la lutte universelle contre la tyrannie et l'injustice.

Anthropométrie de l'époque bleue situer l'œuvre

30

→ RABATS II ET III

Fondateur du Nouveau Réalisme, le peintre Yves Klein questionne le statut de l'œuvre et de l'artiste dans la société de consommation. D'après lui, l'artiste doit révéler la beauté déjà présente dans le monde.

FICHE D'IDENTITÉ

Auteur : Yves Klein (1928-1962), peintre français.
Titre et date : *Anthropométrie de l'époque bleue* (1960).
Technique : pigment pur et résine synthétique sur papier monté sur toile – **Dimensions** : 156,5 × 282,5 cm.
Domaine artistique : Arts visuels.
Thématiques : Arts, ruptures et continuités ; Arts, techniques et expressions.

1 Le contexte historique

A Les Trente Glorieuses et la société de consommation

▶ Entre 1945 et les années 1970, l'économie mondiale est en **phase de croissance.** Grâce au plan Marshall en Europe et à la diffusion des nouvelles technologies, le monde occidental connaît un boom économique. On appelle ces années les « Trente Glorieuses » (1945-1975).

▶ Durant cette période, la croissance se traduit par l'**élévation du niveau de vie.** C'est le début de la société de consommation.

▶ Le climat de confiance favorise le « **baby boom** ». Les populations migrent en masse vers les villes.

B La France des *sixties*

▶ Les années 1960 (les *sixties*) sont une période de bouleversements de la société. N'ayant pas connu la guerre, la **jeunesse** aspire à la paix, à une libération des mœurs et des idées.

▶ De **grandes évolutions** transforment la société dans tous les domaines : la sexualité (légalisation de la pilule), l'art (Pop art, Nouvelle Vague), la musique (en France, les artistes célébrés dans l'émission *Salut les copains* : Johnny Hallyday, Sylvie Vartan…), les sciences (première greffe du cœur en 1967), la mode (mini-jupe)…

2 *L'auteur : Yves Klein (1928-1962)*

▶ Né à Nice en 1928, Klein est amené très tôt à peindre : ses parents, Fred Klein et Marie Raymond, sont peintres. Il fait cependant des études de marine marchande et exerce différents métiers. Il voue une grande passion au judo.

▶ Dès 1946, il peint ses ***Monochromes***, panneaux recouverts d'une couche de couleur pure. En 1957 commence son « époque bleue ». Il dépose le brevet de son propre bleu, ***l'International Klein Blue***, d'une texture et d'une formule très particulière.

▶ Artiste reconnu internationalement, il fonde le **Nouveau Réalisme** en 1960. Il présente une exposition intitulée « Le vide » à la galerie Iris Clert à Paris, où les murs sont nus. Il décore un opéra en Allemagne avec des monochromes bleus.

▶ À partir de 1960, il utilise d'autres techniques, telles **l'or et le feu** ; il peint les trois couleurs bleue, rose et or en les répartissant dans l'espace. Il entreprend les *Anthropométries*, empreintes sur papiers de modèles nus enduits de peinture bleue, et les *Cosmogonies*, utilisant des éléments de la nature : le vent, la pluie, la foudre.

POUR EN SAVOIR PLUS

D'autres œuvres de Klein sur : www.yveskleinarchives.org (rubrique « Works »).

3 *Le mouvement artistique : le Nouveau Réalisme*

▶ Ce mouvement d'**avant-garde**, fondé en 1960 par Yves Klein et Pierre Restany, critique d'art, réunit Arman, Klein, Tinguely…

INFO D'autres artistes célèbres ont rejoint le Nouveau Réalisme par la suite : César, Niki de Saint Phalle, Christo.

▶ Il recherche une « nouvelle expressivité » et appelle à la contestation de l'ordre établi. Il questionne le **statut de l'objet** dans l'ère de la consommation de masse et son utilisation dans l'art. Il est dissous en 1970.

Anthropométrie de l'époque bleue caractériser l'œuvre

31

→ RABATS II ET III

Dans les Anthropométries de l'époque bleue, c'est le modèle lui-même qui devient l'outil de révélation de la beauté du monde, au cours d'une performance réalisée en public.

1 Observer la peinture

A La technique

▶ Le terme « anthropométrie » est inventé par Pierre Restany : il vient du grec ***anthropos* (l'homme) et de métrie (mesure)**. Cette technique désigne ce que Klein appelle « la technique des pinceaux vivants ».

▶ Klein utilise le **pigment IKB** (*International Klein Blue*) caractéristique de ses *Monochromes*. L'œuvre prend forme par le contact des corps, qui deviennent pinceaux, sur la toile blanche, puis avec le regard du spectateur.

▶ Les **empreintes** sont incomplètes. On distingue la poitrine, le ventre, le pubis et les cuisses. Trois d'entre elles sont droites, deux sont penchées sur le côté en un léger mouvement. Elles ne sont pas parfaitement alignées.

B La performance

▶ Le 9 mars 1960 à 22 h précises commence la **performance**, organisée par Pierre Restany, à Paris. Devant 300 invités, Yves Klein apparaît, en tenue de soirée, avec trois jeunes femmes nues. Autour d'eux, un parterre de feuilles blanches et des seaux de peinture bleue. Un orchestre de chambre interprète la symphonie *Monoton Silence* de Klein, un accord continu de 20 minutes suivi d'un même temps de silence.

> INFO Dans une performance, les gestes et les actions effectués constituent l'œuvre artistique elle-même. Elle emprunte ses codes au théâtre.

▶ Klein guide l'orchestre et les femmes, qui s'enduisent le corps de peinture, se plaquent et se traînent au sol ou contre une cloison pour **marquer l'empreinte de leur corps**.

POUR EN SAVOIR PLUS

La performance est visible sur le site : www.ubu.com/film/klein.html

2 Analyser la peinture

A Révéler la beauté du monde

▶ Yves Klein révèle une conception nouvelle de la fonction de l'artiste. Celui-ci n'est jamais vraiment l'auteur de son œuvre : **la beauté existe déjà**, à l'état invisible, dans la nature. La tâche de l'artiste consiste à la révéler. Elle est dans l'air, dans la matière, ou, par exemple, à la surface du corps de ses modèles.

▶ Ces femmes-pinceaux évoluent de manière très sensuelle. Le processus artistique revêt une **dimension charnelle et érotique**.

▶ C'est par les **sens** que l'artiste révèle le monde : la vue (le regard du spectateur), le toucher (le contact des corps avec la peinture et le papier), l'ouïe (la musique puis le silence). Cette démarche artistique **provocatrice** crée la surprise du spectateur.

B Un aspect rituel

▶ La performance constitue une sorte de **rituel** : Yves Klein est semblable à un chef d'orchestre, un « gourou » qui magnétise les trois femmes-pinceaux. Le silence est sépulcral, le public semble se recueillir devant un événement exceptionnel.

▶ Pierre Restany explique, à la fin de la performance, qu'il s'est produit un des plus anciens **rites de l'humanité**. Il évoque les peintures rupestres de la préhistoire.

C La trace

▶ La performance est par définition un **art éphémère**. Le contact des corps nus enduits de peinture sur le papier blanc, comme des pinceaux vivants, offre au regard du spectateur une empreinte, trace de l'immédiateté de ce contact, d'un moment précis et fugitif de l'existence.

▶ Klein revient à la peinture du corps, après ses *Monochromes*, mais au profit d'une peinture qu'il appelle « première ». Le médium de l'artiste disparaît en partie : ce sont les corps humains qui s'expriment sous la direction distante de l'artiste, révélant au public le lien étroit qui unit la peinture au corps, à la **chair**.

Récap' express 32

Anthropométrie de l'époque bleue

D'AUTRES ŒUVRES POUR COMPARER

Georges Mathieu et la performance

Georges Mathieu (1921-2012) crée lui aussi de nombreux tableaux lors de **performances ou happenings**, devant un public. Ces événements minutés montrent la rapidité et la virtuosité du geste de l'artiste.

Arman

Arman (né en 1928) est un sculpteur français connu pour ses **accumulations**. Il entasse des ustensiles du quotidien (fers à repasser, cafetières). Ses *Colères* disloquent des instruments de musique. Le *Long Term Parking* est un monument de 20 mètres de haut où 60 automobiles prises dans le béton sont accumulées.

César

César (1921-1998) est un sculpteur français. En 1960, il expose au Salon de mai à Paris une voiture compressée et provoque le scandale. Il **compresse toutes sortes d'objets** : des mobylettes, des bijoux… Il réalise ensuite des expansions de polyuréthane qu'il déverse sur le sol.

Jean Tinguely

Jean Tinguely (1925-1991) réalise des « **machines sculptures** », des robots en tôle et fil de fer animés. Il invente également en 1959 des « machines à peindre », sortes de scorpions mécanisés qui réalisent des dessins abstraits. Comme Klein, ici, c'est un autre médium que l'artiste qui réalise la peinture. Provocateur, il présente en 1959 une œuvre autodestructrice qui prend feu, illustrant sa pensée : « On s'en fout de l'art ! »

POUR EN SAVOIR PLUS

- Cherchez les noms de ces différents artistes sur le site du Centre Pompidou : centrepompidou.fr
- Des œuvres de Tinguely sur www.tinguely.ch/fr dans la rubrique « Musée et collection ».

LES IDÉES CLÉS DE VOTRE EXPOSÉ

▶ *Anthropométrie de l'époque bleue* est une œuvre réalisée en 1960 par le peintre Yves Klein. Fondateur du **Nouveau Réalisme**, il questionne le statut de l'objet et le processus de création lui-même, dans l'ère de la société de consommation.

▶ Le tableau présente cinq silhouettes féminines de couleur **bleue (IKB)**. Ces formes sont créées par le contact de corps féminins enduits de peinture sur une toile blanche. C'est la technique des « **pinceaux vivants** ».

▶ L'œuvre prend forme devant les yeux d'un public, à l'occasion d'une **performance**, qui a un caractère rituel et mystique. Elle révèle la beauté du monde par l'intermédiaire du corps, guidé par l'artiste.

▶ La **trace** laissée par le corps sur la toile inscrit dans l'éternité le caractère éphémère de la démarche artistique.

Ré
ex

L'Armée des ombres situer l'œuvre

33

→ DÉPLIANT, XII

Le film** L'Armée des ombres **est l'adaptation d'un roman de Joseph Kessel, publié en 1943, en pleine période de l'Occupation. L'action se déroule en 1942.

FICHE D'IDENTITÉ

Auteur : Jean-Pierre Melville (1917-1973), réalisateur français.
Titre et date : *L'Armée des ombres* (1969) ; d'après le roman de Joseph Kessel (1943).
Technique : film en couleur, 2 h 20 min.
Domaine artistique : Arts visuels.
Thématiques : Arts, État et pouvoir ; Arts, techniques et expressions.

1 Le contexte historique du film

A Le contexte du scénario : la France en 1940-1943

▶ Le 18 juin 1940, sur la BBC, **de Gaulle appelle les Français à résister.** Une minorité le rejoint à Londres. D'autres s'organisent clandestinement à l'intérieur du pays.

▶ En 1942, la « solution finale » est décidée par les nazis : les arrestations de Juifs se multiplient (**rafle** du Vel d'Hiv, 16 juillet).

▶ La France est d'abord divisée en deux zones : « occupée » au nord et « libre » au sud. En 1943, le pays est entièrement occupé. **Jean Moulin** unifie les résistants en créant le Comité national de la Résistance (CNR).

B Le contexte de la réalisation : la France en 1969

▶ La France d'après-guerre panse ses plaies. Les gouvernements successifs se coupent de l'opinion publique. De Gaulle est appelé au pouvoir en 1958 (**Ve République**).

▶ Les artistes suivent les mouvements contestataires ouvriers et étudiants de **Mai 1968.** Les étudiants envahissent le Festival de Cannes, soutenus par François Truffaut, Jean-Pierre Léaud, Claude Lelouch, Jean-Luc Godard. Aucun prix n'est décerné.

▶ **De Gaulle est contraint de démissionner** en 1969. Le film est mal reçu à sa sortie. On accuse Melville de gaullisme.

2 *L'auteur : Jean-Pierre Melville (1917-1973)*

INFO Le pseudonyme Melville est un hommage à Herman Melville, auteur de *Moby Dick*.

▶ Jean-Pierre Grumbach est un **ancien résistant** : Melville est un nom de guerre qu'il a pris à Londres. Après la guerre, il se consacre au cinéma. Il réalise un court-métrage en 1945, *Vingt-quatre heures de la vie d'un clown*.

▶ Il réalise des films noirs (*Le Samouraï*, 1967), des thrillers (*Le Cercle rouge*, 1970), des **films sur la guerre** : *Le Silence de la mer* en 1947 (d'après Vercors) ; *Léon Morin, prêtre* en 1961 ; *L'Armée des ombres* en 1969.

▶ Il joue dans *Orphée* (1950) de Jean Cocteau, *Deux hommes dans Manhattan* (1959), *À bout de souffle* (1960) de Jean-Luc Godard et *Landru* (1963) de Claude Chabrol.

▶ Melville est fasciné par la **culture américaine.** Il porte des lunettes noires et un chapeau Stetson. Il a un caractère ombrageux et se dispute souvent avec ses acteurs.

POUR EN SAVOIR PLUS

- **Joseph Kessel (1898-1979)** : journaliste et écrivain, il rejoint Londres en 1943, année où est publié son roman *L'Armée des ombres*. Après la guerre, il connaît un grand succès avec *Le Bataillon du ciel* (1947) ou *Le Lion* (1958).
- **Un casting prestigieux** : Lino Ventura, Paul Meurisse, Serge Reggiani, Simone Signoret et Jean-Pierre Cassel sont de grands acteurs de l'époque.

3 *Le mouvement artistique : la Nouvelle Vague*

▶ Dans les années 1960, de **jeunes réalisateurs** comme François Truffaut, Alain Resnais, Jean-Luc Godard, révolutionnent le septième art par la liberté qu'ils revendiquent.

▶ Melville est considéré comme le **père spirituel** de la Nouvelle Vague car il s'affranchit des règles cinématographiques de son époque et réalise ses films à la manière d'un reportage.

L'Armée des ombres caractériser l'œuvre

34

→ DÉPLIANT, XII

Melville raconte dans* L'Armée des ombres*, sans romance, certains souvenirs de la Résistance dans laquelle il fut très actif.

1 Connaître l'histoire et les thèmes du film

A L'histoire

▶ En 1942, Gerbier, **résistant**, est fait prisonnier dans un camp français. Il s'en évade et exécute celui qui l'a dénoncé.

▶ Le film raconte le **quotidien** des résistants du réseau de Gerbier : Mathilde, Jean-François, Luc Jardie…

▶ Inspirée de **Lucie Aubrac**, Mathilde se met en danger pour sauver Félix ou Gerbier quand ils sont arrêtés. Soupçonnée d'avoir trahi, elle est **exécutée** par ses camarades. Aucun des personnages ne verra la fin de la guerre.

POUR EN SAVOIR PLUS

- Le film *L'Armée des ombres* est édité en DVD chez Studio Canal. Vous pouvez le louer ou l'emprunter en médiathèque.
- Le roman *L'Armée des ombres* de Joseph Kessel (1943) est disponible en édition de poche.

B Les thèmes

▶ Le **quotidien des résistants** : ils doivent changer d'identité, agir dans l'ombre, oublier leurs sentiments (exécutions de Dounat, de Mathilde).

▶ Le **fonctionnement d'un réseau organisé** : un « patron » reçoit les ordres de Londres, un chef (Gerbier), des membres actifs (Félix, Jean-François, Le Bison)…

▶ La **solidarité** : Mathilde entre dans les locaux de la Gestapo pour délivrer Félix, elle organise l'évasion de Gerbier.

▶ Des **héros tragiques** : Jean-François se sacrifie pour Félix.

▶ La **solitude des personnages** : sans identité, ils meurent dans l'anonymat.

▶ Des **héros très humains** : Mathilde refuse de se séparer de la photo de sa fille, Gerbier court lors de son exécution.

2 *Analyser un extrait*

A Les actions des personnages

Les actions des personnages révèlent leur **psychologie** : Gerbier reste digne, pour les autres c'est le « chacun pour soi ». Il revoit les moments qui l'ont touché. La peur le pousse à se soumettre au « spectacle » voulu par les nazis.

CONSEIL Prenez appui sur un extrait précis. Nous analysons ici l'arrestation de Gerbier et son exécution manquée (chapitre 10 : « Courir pour survivre » de 1 h 44 min à 1 h 52 min).

B Les dialogues et la musique

▶ Le silence accentue l'**angoisse** de l'attente. De rares paroles banales contrastent avec les mots qui frappent (« Cette fois, c'est la bonne »).

▶ La voix off révèle la **solitude** de Gerbier : résistant avant tout, il vit pour cette cause.

▶ Absente jusqu'à l'arrivée du garde, la musique va *crescendo*, devient **stridente** et stoppe net à la découverte du peloton d'exécution, traduisant l'effroi de Gerbier. Elle rappelle une musique de thriller.

C Les plans et mouvements de caméra

▶ Les prisonniers sont montrés un par un, en une succession de plans rapides. Chacun attend seul le moment. Deux longs plans montrent la marche des condamnés (face puis contre-plongée) : **le suspense est insoutenable.**

▶ **La caméra est un juge impassible.** Lorsqu'on voit le peloton d'exécution à travers les yeux de Gerbier par un zoom avant, un effet de réel saisissant nous fait ressentir sa peur.

D La lumière et les couleurs

▶ Tout est **sombre** dans ce labyrinthe effrayant, jusqu'au noir presque complet dans le tunnel. On pense au titre *L'Armée des ombres*.

▶ On note une quasi-absence de couleurs (dégradés de gris et de cyan), une **froideur** qui se prête aux thèmes de la clandestinité, du danger.

D'AUTRES ŒUVRES POUR COMPARER

1944-1945 : la Résistance magnifiée

Les œuvres évoquent la barbarie nazie, mais sans oser effleurer la notion de collaboration. *La Bataille du rail* de René Clément (1945) est emblématique de cette période.

1946-1957 : la Résistance dans l'oubli

L'absence du général de Gaulle, le conflit en Algérie, la reconstruction du pays occupent les esprits. En pleine guerre froide, on insiste sur la résistance extérieure et l'armée. Les films sont plus sobres : *Le Silence de la mer* de Jean-Pierre Melville (1947), *Un condamné à mort s'est échappé* de Robert Bresson (1956) et *La Traversée de Paris* de Claude Autant-Lara (1956).

1958-1969 : la Résistance à nouveau admirée

- À partir du retour du général de Gaulle en 1958, les films sur la Résistance se multiplient dans tous les genres : comédies, épopées, drames, films d'espionnage.
- Traduisant une vision gaullienne de la Résistance (amour de la patrie et de l'action, désir de dignité), ils montrent une résistance organisée, en lien avec Londres, en lutte contre l'occupant et contre le régime de Vichy, montré du doigt : *Paris brûle-t-il ?* de René Clément (1966), *La Ligne de démarcation* de Claude Chabrol (1966), *La Grande Vadrouille* de Gérard Oury (1966) et *L'Armée des ombres* de Jean-Pierre Melville (1969).

1971-1983 : la Résistance en question

Le Chagrin et la Pitié (de Marcel Ophüls et Alain de Sédouy) marque une rupture en 1971, en montrant que les résistants n'étaient qu'une minorité. *Lacombe Lucien*, de Louis Malle (1974), soulève la question des motivations pour s'engager.

1984-1993 : la reconnaissance de la collaboration

▶ On ose aborder le sujet épineux de l'épuration. On montre le rôle des femmes de la Résistance, qui trouvent leur place dans le cinéma (*Une affaire de femme* de Claude Chabrol, 1988).

▶ Après *Nuit et Brouillard* d'Alain Resnay (1955) et *Shoah* de Claude Lanzman (1985), on aborde la question juive (*Au revoir les enfants* de Louis Malle, 1987).

Depuis 1994 : la mémoire de la Résistance

Le cinéma se fait **hommage** (*Lucie Aubrac* de Claude Berri, 1997), nostalgie (*Monsieur Batignole* de Gérard Jugnot, 2002) ou **questionnement** (*Effroyables jardins* de Jean Becker, 2003 ; *Un héros très discret* de Jacques Audiard, 1995 ; *L'Armée du crime* de Robert Guédiguian, 2008).

POUR EN SAVOIR PLUS

- Pour réussir votre exposé, regardez quelques-uns de ces films marquants.
- Le site suivant vous aidera à approfondir ce sujet : rha.revues.org/index3173.html

LES IDÉES CLÉS DE VOTRE EXPOSÉ

▶ Le film *L'Armée des ombres*, sorti en 1969, est l'adaptation fidèle du roman de Joseph Kessel (1943). Le cinéaste et l'écrivain sont d'anciens résistants qui restituent la **mémoire des événements.**

▶ Dans des dégradés de gris, avec une économie de plans, de dialogues et de musique, ce film présente le **quotidien des résistants** et des Français sous l'Occupation. Son but n'est pas de glorifier la Résistance : il montre la force héroïque des résistants mais aussi leurs difficultés, leur solitude, leur peur.

Invasion Prague 1968 situer l'œuvre

36

→ RABATS IV ET V

Josef Koudelka est un des plus grands photographes de notre temps. Il a attendu des années avant de publier ses photographies de 1968 à Prague sous son nom, par crainte des représailles contre lui-même et sa famille.

FICHE D'IDENTITÉ

Auteur : Josef Koudelka (né en 1938), photographe tchèque.
Titre et date : *Invasion Prague 1968* (2008).
Technique : photo argentique, noir et blanc.
Domaine artistique : Arts visuels.
Thématiques : Arts, État et pouvoir ; Arts, techniques et expressions.

1 *Le contexte historique*

A La guerre froide entre 1945 et 1949

▶ En 1945, l'Europe dévastée est sous l'**influence des États-Unis et de l'URSS**. Les premiers ont le monopole de l'arme atomique et cherchent à instaurer le libéralisme économique dans le monde. L'URSS étend son influence dans les pays de l'Est et affirme sa puissance idéologique.

▶ Dès 1947, l'entente entre les pays vainqueurs se dégrade. En 1949, l'Allemagne est coupée en deux États : la RFA et la RDA. Pour Churchill un « **rideau de fer** » est tombé sur l'Europe.

▶ Cette « guerre froide » prend la forme de tensions idéologiques et politiques entre les **deux blocs**, parfois très fortes, et de conflits armés par pays interposés.

B La Tchécoslovaquie en 1968

▶ Le pays fait partie du **bloc des pays de l'Est**, sous le contrôle de l'URSS. La jeunesse européenne est en effervescence. Le Secrétaire général du Parti communiste, Alexandre Dubcek, supprime la censure, permet les voyages à l'étranger, fait arrêter le chef de la police. C'est le « **Printemps de Prague** ».

▶ Ce mouvement de libéralisation se solde par l'**invasion des troupes soviétiques.** La population oppose une résistance pacifique. Dubcek est transféré en URSS où il est contraint de signer la capitulation. La Tchécoslovaquie doit se soumettre à la « normalisation » et ne connaîtra la démocratie que vingt ans plus tard.

2 *L'auteur : Josef Koudelka (né en 1938)*

▶ Josef Koudelka fait ses premières photos dans les années 1950. Il est ingénieur et aussi photographe de théâtre. Il devient **photographe de presse** à plein temps en 1967.

CITATION « La chose qui compte le plus pour moi, c'est faire les photos, continuer et ne pas me répéter. Aller plus loin. Voir jusqu'où je peux aller. » (Koudelka)

▶ En août 1968, il photographie l'invasion des troupes soviétiques. Par peur des représailles, il signe son reportage avec les initiales PP (*Prague Photographer*) et obtient le **prix Robert Capa en 1969**, de manière anonyme. Il quitte la Tchécoslovaquie en 1970, comme réfugié politique, et photographie ses errances.

▶ Ses œuvres les plus importantes sont *Gitans* (1975), *Exils* (1988), *Chaos* (1999) et *Invasion Prague 1968* (2008). Il est un des plus grands photographes contemporains.

3 *Le genre : la photographie de presse*

▶ La photographie est **une image fixe qui ressemble au réel.** Elle rend présent l'événement qui a déjà eu lieu.

▶ Pourtant, c'est le **point de vue du photographe** que l'on voit. Il utilise les moyens techniques de son appareil (cadrage, format, couleur), les moyens esthétiques (comparaisons, métaphores, allégories) pour faire ressentir le moment.

▶ La photographie, par sa force de suggestion, quitte sa fonction purement illustrative pour atteindre le symbolique. **Elle illustre une idée** plus que le déroulement des faits.

Invasion Prague 1968
caractériser l'œuvre

37

→ RABATS IV ET V

Jeune photographe au milieu de la jeunesse praguoise, Koudelka capture, sur le vif, l'invasion de Prague par les troupes soviétiques en 1968.

1 *Observer la photographie*

A La composition

▶ Il s'agit d'un **plan moyen**.

▶ Des lignes très fortes marquent la composition : le bras trace une **diagonale** et dirige le regard vers le visage du soldat. Le jeune homme est dans le tiers gauche, les soldats dans le tiers droit ; au milieu, du vide, occupé par la main ; un alignement de bottes des soldats apparaît au premier plan.

▶ La **perspective** est formée par les lignes de fuite, dessinées par les rails et les câbles du tramway, qui créent un effet de profondeur.

B Le paysage

▶ Il s'agit d'un paysage **urbain** : un boulevard vide de circulation ; au sol, des pavés ; au fond, de la fumée. Des arbres feuillus montrent qu'on est au printemps ou au début de l'été.

▶ D'après la légende, on sait qu'il s'agit de **Prague**, devant le siège de la Radio.

C Les personnages

▶ À gauche, un jeune homme brun, vêtu de noir, sans doute un **étudiant**. Il fronce les sourcils. Il tend le bras vers des soldats. Il crie quelque chose à l'un d'eux, hors champ.

▶ Ces **soldats** sont au moins trois. Jeunes, assis de manière nonchalante sur un char, ils sont vêtus d'un uniforme clair. On ne voit qu'un seul visage, celui d'un soldat qui porte une arme en bandoulière. Il regarde l'étudiant, sans réagir. Son voisin a les mains croisées.

▶ Au fond, on distingue une **foule**, qui envahit les trottoirs, et un petit groupe d'individus avec des drapeaux. La fumée laisse penser que les manifestants utilisent des cocktails Molotov.

2 *Analyser la photographie*

A L'esthétique du photojournalisme

▶ Le **noir et blanc** correspond à l'esthétique du photojournalisme des années 1960 et de l'agence Magnum. Il accentue les contrastes et la composition.

▶ Ici, le **costume sombre** de l'étudiant tranche avec la **clarté des uniformes**, dramatisant l'action et renforçant le caractère des personnages.

B La résistance pacifique de la population

▶ Les rails et les câbles amènent le regard vers le lieu où se déroule **la lutte physique, à l'arrière-plan**.

▶ La diagonale dessinée par le bras sépare le monde de la lutte collective de celle qui se joue individuellement au premier plan. **La main, point fort de l'image**, acquiert une portée symbolique de paix.

▶ Les bottes, alignées, renvoient à l'idée du grand nombre : ces soldats sont là pour impressionner. **Le char, symbole de violence**, est à peine visible, et la lutte physique est noyée dans la fumée.

C Une lutte idéologique plus que physique

▶ L'étudiant est **isolé** du reste des manifestants. Il fait face aux troupes soviétiques. Il n'a pas une attitude agressive. Il invective les soldats.

▶ Son bras tendu est-il un **appel** (« Venez avec nous ! »), une supplique (« Arrêtez ! ») ? Son message ne peut être que pacifique, car les soldats ne réagissent pas.

▶ Ce n'est donc pas un combat armé qui se joue entre ces protagonistes, mais **une lutte d'idées et de langage**.

D Koudelka, photographe de théâtre

▶ L'attitude du jeune homme est très **théâtrale**, il semble déclamer une tirade. On se souvient que Koudelka a débuté comme photographe de théâtre.

▶ Comme sur une scène, beaucoup d'événements se jouent hors champ, laissant une large place à l'**imagination** : le visage des soldats dont on ne voit que les jambes, le char, la manifestation.

▶ La diagonale ascendante de son bras fait monter les paroles vers les soldats, en une **envolée lyrique et épique**.

Invasion Prague 1968

D'AUTRES ŒUVRES POUR COMPARER

Le Printemps de Prague dans la littérature et le cinéma

▶ Le roman de Milan Kundera *L'Insoutenable Légèreté de l'être*, paru en 1984, raconte la vie d'artistes et d'intellectuels en Tchécoslovaquie en 1968, au moment de l'invasion des chars soviétiques.

▶ Ce roman a été **porté à l'écran** en 1988, dans un film de Philip Kaufman avec Daniel Day-Lewis et Juliette Binoche. Cette dernière y joue une jeune serveuse devenue photographe à l'occasion du Printemps de Prague et de l'arrivée des Soviétiques…

D'autres photographes de presse

▶ Les années 1960 sont **l'âge d'or du photojournalisme**. Les photographes parcourent le monde, vont sur les champs de bataille où ils perdent parfois la vie, comme Robert Capa.

▶ Ils intègrent des agences chargées de diffuser leur travail, comme l'**agence Magnum**, fondée en 1947 par Robert Capa, Henri Cartier-Bresson, David Seymour et Georges Rodger. Celle-ci garantit l'indépendance morale et matérielle des reporters, assure les droits sur les œuvres des reporters internationaux, distribue les photographies, les archives…

▶ Ces photographes témoignent des **grands événements** de leur époque (ci-dessous, une inscription au mur en mai 1968, rue de Vaugirard à Paris, photographiée par Cartier-Bresson).

Pour en savoir plus

- Le site de l'agence Magnum est très riche. Découvrez les œuvres présentées, notamment celles de Robert Capa (*Guerre civile espagnole* 1936, *Débarquement en Normandie* 1944…) et d'Henri Cartier-Bresson (*Chine* 1948) : www.magnumphotos.com
- Pour vous faire une idée de la diversité qui subsiste dans le domaine du photojournalisme, consultez :
– le site du festival Visa pour l'image de Perpignan : www.visapourlimage.com
– le site des rencontres d'Arles : www.rencontres-arles.com

Les idées clés de votre exposé

▶ Josef Koudelka, jeune photoreporter, prend cette photographie lors de l'**invasion de Prague** par les chars soviétiques en 1968. Il ne les publiera sous son nom que vingt ans plus tard, quand tout risque de représailles sera écarté. Le photographe, qui fait lui-même partie de la jeunesse praguoise, capte sur le vif les événements.

▶ Cette photographie illustre l'**attitude non-violente** des jeunes insurgés. Ce soulèvement citoyen ne se fait pas contre le pouvoir en place, mais contre celui d'un autre pays qui veut l'asservir.

▶ Dans cette image, la composition, la portée des gestes et des attitudes, l'aspect théâtralisé, tous les éléments prennent une **dimension symbolique** et la transforment en image historique.

▶ D'autres photographies sont devenues **mythiques**, comme *La mort d'un républicain espagnol* de Robert Capa (1936), ou encore *L'homme de Tiananmen* de Jeff Widener (1989), qui symbolise également la non-violence face à la lutte armée.

Achevé d'imprimer en Italie par L.E.G.O. S.p.A.
Dépôt légal n° 98889-9/01 – mars 2015